Bruno Bergerfurth
Im Ruhestand – was nun?

Bruno Bergerfurth

Im Ruhestand – was nun?

Biografische Erzählung

edition fischer

Die Handlung dieser Erzählung sowie die darin vorkommenden Personen sind frei erfunden; eventuelle Ähnlichkeiten mit realen Begebenheiten und tatsächlich lebenden oder bereits verstorbenen Personen wären rein zufällig.

Bibliografische Information der Deutschen Nationalbibliothek
Die Deutsche Nationalbibliothek verzeichnet diese Publikation in der Deutschen Nationalbibliografie; detaillierte bibliografische Daten sind im Internet über http://dnb.d-nb.de abrufbar.

© 2011 by edition fischer GmbH
Orber Str. 30, D-60386 Frankfurt/Main
Alle Rechte vorbehalten
Schriftart: Times 11°
Herstellung: efc / NL
Printed in Germany
ISBN 978-3-89950-672-3

Einleitung

Der Tag X, der letzte Diensttag mit schönen Blumen und feierlicher Verabschiedung, war vorüber. Tat sich nun das berühmt-berüchtigte Loch auf? Justus B. Müller, frischgebackener Pensionär und voller Unternehmungsgeist, saß an seinem häuslichen Schreibtisch und merkte auf einmal mit ungläubigem Staunen, dass dort keine Akten mehr lagen. Tischlampe, Datumsanzeiger und Schreibgarnitur waren auf ihrem gewohnten Platz, die Bücherregale mit juristischer Fachliteratur boten das alte Bild, die Ulme vor dem Fenster schaute wie sonst freundlich herein, die Frühlingssonne lachte. Und doch: irgendetwas fehlte. Wie oft hatte er früher vor den Aktenbergen – geordnet nach eilig, schwierig und umfangreich – gesessen und ein baldiges Abschmelzen herbeigesehnt. Wie gern hatte er, wenn die Arbeit sich manchmal bis in die Nacht hinzog, mit dem Gedanken gespielt, irgendwann werde die große Freizeit einsetzen, ohne Verpflichtungen, ohne Termine und ohne den ständigen Druck, berufliche und familiäre Belange sinnvoll aufeinander abzustimmen.

Und jetzt? Jetzt saß er hier, beobachtete eine Fliege, die sich nach einigen Runden immer wieder auf dem Lampenschirm niederließ, dachte über den Sinn des Lebens nach und registrierte, dass die nun hinter ihm liegende berufliche Tätigkeit – trotz mancher Überbeanspruchung – doch überwiegend ein Quell der Freude und Befriedigung war. Und jetzt? Die Kinder waren längst erwachsen und hatten ihre eigenen Familien. Die Wohnung erschien ihm auf einmal recht groß. Ein morgendlicher Wecker war überflüssig. Gab es eigentlich so etwas wie ein Programm für den Ruhestand, einen Plan A oder B?

Elfriede, seine Frau, hatte ihm zum Eintritt in den Ruhestand neue Wanderschuhe und ein Jahresabonnement für das städtische Schauspielhaus geschenkt, hielt einen täglichen Spaziergang für empfehlenswert und meinte im Übrigen, im Garten, im Vorgarten und im Haushalt seien fleißige Hände immer willkommen. Beide waren sich einig, dass Reisewünsche nunmehr großzügiger erfüllt und Spiel, Sport und Hobbypflege intensiviert werden sollten. Auch warteten viele bisher ungelesene oder nur flüchtig durchgeschaute Bücher auf geruhsame Lektüre.

Justus erkannte, dass auch der schönste Ruhestand ein wenig strukturiert werden müsse. Er nahm sich den Notizkalender für das neue Jahr zur Hand und trug – neben den Geburtstagen für Verwandte und Bekannte – verschiedene schon feststehende Veranstaltungen sowie die regelmäßigen Termine (Stammtische, Skat- und Doppelkopftreffen, Schach- und Kegelabende) ein und wunderte sich dabei, wie viel »Freizeit« auf diese Weise schon verplant war. Ähnlich ging es Elfriede, die meinte, soweit es zu zeitlichen Überschneidungen komme, sollten Reisepläne jedenfalls den Vorzug haben. Das war auch seine Meinung. Mit Spannung sah Justus, nachdem er nochmals alles überdacht hatte, dem neuen Lebensabschnitt und der sicherlich ebenso erlebnisreichen wie »ruhigen« Gestaltung seiner Ruhestandstage entgegen.

Erstes Kapitel

Tunnelreise

Schon bald stand der erste Reiseplan auf dem Programm, nahm immer konkretere Formen an und drängte auf Realisierung. Elfriede hatte tagelang in bunten Prospekten der verschiedensten Art geblättert und war auf ein Angebot gestoßen, das sie nicht mehr losließ: Eine siebentägige Traumreise »mit den langsamsten Schnellzügen der Welt«, dem Glacier-Express und dem Bernina-Express. Die kombinierte Bus/Bahnreise sollte im Juni auf einer optimalen Route durch vier Länder Europas führen und insbesondere die erlebnisreiche Bergwelt der Schweiz erschließen. War es das verlockend beschriebene Reiseprogramm oder die beigefügte Mappe mit den vielen einladenden Bildern von Gipfeln, Brücken und Bergdörfern? Für Justus und Elfriede stand jedenfalls nach kurzer Überlegung fest: Dies wird unsere erste Ruhestandsunternehmung.

Buchung, Bestätigung und Zahlung (noch in DM) waren schnell erledigt und unmittelbar vor Reiseantritt begannen die persönlichen – durchaus unterschiedlichen – Vorbereitungen. Justus besorgte in der nahen Buchhandlung möglichst handliche Reiseführer über Land und Leute einzelner Zielorte und erstellte eine Liste über alles, was in »seinen« Koffer kommen sollte. Elfriede organisierte im Hause die Abwesenheitshilfe (Blumenpflege, Zeitung, Post usw.) und packte wie immer »ihren« Koffer ohne jede schriftliche Vorbereitung. Justus hatte dies schon wiederholt als etwas leichtsinnig kritisiert, bewunderte aber doch im Stillen seine Frau, weil letztlich entgegen seinen Erwartungen nie etwas fehlte. Dass mancher zunächst vermisste Gegenstand erst nach längerem Kramen in der schier unergründlichen Handtasche gefunden wurde, stand auf einem anderen Blatt.

Der Tag der Abreise kam. Mit einem geräumigen und großzügig ausgestatteten Fernreisebus ging es in Richtung Süden. Der Reiseleiter Dr. Knöchelchen, ein pensionierter Studienrat mit schütterem Haupthaar und buschigen Augenbrauen, der die Tour schon zum fünften Mal machte und dessen Tochter ihm als Assistentin zur Hand ging, hatte im Voraus die Sitzplätze für die 30-köpfige Gesellschaft eingeteilt, so dass jeder ohne irgendein Drängeln Platz nehmen konnte. Justus und Elfriede saßen in der zweiten Reihe hinter dem Fahrer, konnten die Bordtoilette und das von der Assistentin Helga betreute »Bordbistro« gut erreichen und wechselten sich nach Bedarf mit Gang- und Fensterplatz ab.

Der Fahrer machte mit wenigen Worten die Reisenden mit den technischen Einrichtungen des Busses (Frischluftzufuhr, Sonnenblende, Regulierung der Tonstärke usw.) vertraut und bat darum, man möge ihn nur Hans nennen. Nach einer kurzen Einführung des Reiseleiters, dessen Lesebrille an einem Band vor der Brust hin und her baumelte und, offenbar aus kurioser Angewohnheit, allzu häufig auf- und abgesetzt wurde, gelangte man über Frankfurt und Karlsruhe nach Sasbachwalden, wo in einem gemütlichen Restaurant das gemeinsame Mittagessen stattfand. Hier knüpften die Reisenden zwanglos erste Kontakte und Justus erfuhr von seinem Tischnachbarn, einem Pferdeliebhaber und Weinkenner mit rötlich-rundem Gesicht, der sich als »Hanssen mit zwei s« vorstellte, dass er ein Fotonarr sei und sich von der Fahrt eine reiche Ausbeute verspreche. Justus und Elfriede mussten denn auch, natürlich mit der Ehefrau des freundlichen Tischnachbarn in der Mitte, als erste Opfer herhalten.

Weiter ging die Fahrt nach Offenburg zum Übernachtungshotel sowie nachmittags zu einer Rundfahrt und Führung durch Straßburg. Nachdem die Gruppe vor dem Straßburger Münster, einem der berühmten Hauptwerke deutscher Gotik, Aufstellung genommen hatte, erläuterte der Reiseleiter mit einer geradezu andachtsvollen Ergriffenheit die bildnerische Ausstattung der drei Westportale. Immer wieder legte er, wobei sich seine Stimme wie fragend hob, Kunstpausen ein, so als erwarte er von den Zuhörern eine aktivere Beteiligung. Wen sein fragender Blick, bei dem sich die Augenbrauen nach oben verschoben und der Kopf in eine leichte Schräglage geriet, unmittelbar erreichte, kam sich vor wie in der Schule, wenn unregelmäßige Verben abgefragt wurden. Justus war froh, dass er mit der ihm bekannten Geschichte des Dombaus, nämlich der auf Doppeltürmigkeit angelegten West-schauseite, etwas zur Auflockerung der »Schulatmosphäre« bei-tragen konnte. Herr Hanssen fotografierte mit unerschütterlicher Ausdauer, andere deckten sich mit Ansichtskarten ein und erin-nerten an die Kaffeepause.

* * *

Der zweite Tag führte die Reisegesellschaft über die elsässische Weinstraße, unter anderem nach Colmar, wo im Dominikaner-kloster das bedeutende Werk »Madonna im Rosenhag« von Martin Schongauer besichtigt wurde, weiter über Basel und Bern nach Montreux. Bei einem Spaziergang zu zweit längs der Ufer-promenade am Genfer See genossen Justus und Elfriede die Fas-zination des größten Alpensees und der ihn umgebenden Land-schaft im Licht der Nachmittagssonne. Hier war es, dass Elfriede plötzlich stehen blieb, seine Hand suchte und nur leise sagte: »Ist das schön!« Die stille Stunde verging wie im Fluge.

Bei der anschließenden Fahrt durch das Rhonetal konnte die Gruppe, ohne dass dies eingeplant war, einer großartigen Flugschau beiwohnen und die bestens gelungenen Formations-Kunstflüge bestaunen. In dem kleinen Schweizer Ort Täsch war die Busfahrt dann erst einmal zu Ende und es erfolgte in der Abenddämmerung die Umladung auf eine Schmalspurbahn, die die Reisenden in kürzester Zeit von der Talstation Täsch in das autofreie Bergdorf Zermatt brachte. Voller Erwartung hielt Justus sofort nach dem Matterhorn Ausschau, von dem sein Vater als alter Bergsteiger immer geschwärmt hatte. Der 4478 m hohe Felsgipfel der Walliser Alpen, der steil und pyramidenförmig an der Grenze zwischen Italien und der Schweiz emporragt und geradezu als Schweizer Nationalsymbol gilt, hatte sich aber in den Wolken versteckt und zeigte sich, wie der Reiseleiter sagte, heute Abend nur »mit Mütze«.

In dem ruhigen Bergdorf Zermatt, das in Höhe von 1620 m am Fuße des Matterhorns liegt, wartete für die Unterbringung ein 4-Sterne-Hotel auf die Reisenden. Der Reiseleiter verteilte die Zimmer durch alphabetischen Aufruf. Helga händigte die Schlüssel aus und drückte jedem eine Speisekarte für das abendliche Diner in die Hand. Es wurde Siedfleischsalat, Lauchrahmsuppe, Lachsschnitte an Schnittlauchsauce mit Reis und Blattspinat sowie Brandteigkrapfen mit Moccacreme gereicht. Mit dem gemeinsamen Abendessen klang der Tag, der so erlebnisreich war und eine wohlige Müdigkeit hinterließ, ruhig aus.

Bei Tisch unterhielten sich Justus und Elfriede mit ihrem Gegenüber, einem Elektromeister Buchfinkler aus dem Hunsrück und seiner Ehefrau, die sich gerade lautstark darüber beklagte, dass der Schrank in ihrem Zimmer zu wenig Kleiderbügel enthalte. Man plauderte über dies und jenes und sah dem morgigen Tag, an

12

dem man Zermatt und seine Umgebung näher kennenlernen sollte, mit Spannung entgegen. Während sich der sympathische Herr Buchfinkler kaum an der Unterhaltung beteiligte, sprach seine Frau immer von »meinem Gatten« und spreizte jedes Mal, wenn sie ein Wein- oder Wasserglas zum Munde führte, ihren kleinen Finger in geradezu possierlicher Weise ab. Als Justus sich hierüber später noch beim Zubettgehen mokierte, ermahnte Elfriede ihn, doch toleranter zu sein; jeder habe seine Eigenheiten und sie wolle ihn selbst nur an seine so genannte »Nachrasur« erinnern. Damit hatte es folgende Bewandtnis: Wenn beim Rasieren das eine oder andere Haar stehen geblieben war und erst nachträglich entdeckt wurde, versuchte Justus meistens, den Übeltäter mit spitzen Fingern ruckartig auszureißen, ein manchmal mühseliges und mit gewissen Gesichtsverrenkungen verbundenes Unterfangen. Gelegentlich nun kam es vor, dass er dies ganz in Gedanken auch dann tat, wenn er sich in Gesellschaft befand. Hierauf hatte ihn Elfriede, der dies peinlich war, schon wiederholt aufmerksam gemacht. Justus versprach Besserung und sagte: »Du hast recht, man soll sich nicht auf Kosten anderer amüsieren.« Sie lachte: »Und nicht mit Steinen werfen, wenn man im Glashaus sitzt.«

∗ ∗ ∗

Am nächsten Morgen war das Aufwachen ein Erlebnis: Blauer Himmel, ein herrlich freier Blick aus dem Fenster, Panorama-Aussicht auf eine bezaubernd alpine Gletscherwelt und – endlich – das wolkenfreie Matterhorn in seiner ganzen majestätischen Größe. Justus öffnete das Fenster weit, atmete tief durch und merkte auf einmal, dass ihn ein Gefühl von Dankbarkeit und Demut beschlich, zugleich aber auch eine unbeschreibliche Lebensfreude und Unternehmungslust. Er weckte Elfriede, genoss mit ihr zusammen noch minutenlang still diesen Ausblick und begann dann mit seinem morgendlichen Frühsport. Er hatte dies seit seiner Soldatenzeit beibehalten und die Übungen dank einer Fernsehserie »Frühsport am Morgen für Aktive über 60« weiter ausgebildet.

Nach dem Frühstück begann der Zermatt-Tag mit einer im Programm herausragenden Unternehmung: Fahrt mit der Zahnradbahn auf den 3100 m hohen Gornergrat. Eingebettet zwischen dem Gornergletscher, dem zweitlängsten Gletscher der Schweizer Alpen, und dem Findelngletscher liegt der Gornergrat an der Nordabdachung des Monte-Rosa-Massivs im Hintergrund des Talkessels von Zermatt. In einem Doppeltriebwagen wurde die ganze Reisegruppe untergebracht und erlebte mit immer neuen Ausblicken die serpentinenreiche Strecke über Riffelalp und Riffelberg bis hinauf auf den Gipfel. Die bereits 1898 eröffnete elektrische Gornergratbahn bietet seitdem für Touristen eine einzigartige Gelegenheit, die obere Bergwelt hautnah zu erleben. Justus und Elfriede erfreuten sich an Murmeltieren, Bergdohlen und einer reichen Alpenflora und ließen den weit schweifenden Rundblick, der einen ins Träumen brachte, voll auf sich wirken.

Als Justus sich auf eigene Faust etwas von der Gruppe entfernte, bot sich ihm eine kleine Überraschung: Auf einer abseits gelegenen Bank saßen der Fahrer Hans und Helga, die Tochter des Reiseleiters, einträchtig zusammen und tauschten Zärtlichkeiten aus. Justus war schon so nahe herangekommen, dass ihm ein diskreter Rückzug nicht mehr möglich war. Ganz unbefangen baten die beiden ihn, doch Platz zu nehmen. Nun erfuhr Justus, dass Hans sich nach Abschluss seines Studiums mangels geeigneter Anstellung nun schon seit einem Jahr als Taxi- und Busfahrer über Wasser hielt und dass eine Heirat geplant sei, sobald er eine feste

Anstellung habe. Der Bitte des sympathischen Paares, hiervon bei der Reisegesellschaft nichts verlauten zu lassen, kam Justus gerne nach.

Auf der Rückfahrt nach Zermatt kamen Justus und Elfriede mit dem Hobbyfotografen Hanssen ins Gespräch, der begeistert von seinen Schnappschüssen berichtete und sich ungefragt gerne bereit erklärte, nach Abschluss der Reise einige Aufnahmen an die heimatliche Adresse zu senden. Dankend nahm Justus an und überreichte seine Visitenkarte.

Der Tag klang aus mit einem gemütlichen Bummel durch das geräuscharme, mit Luxusgeschäften und Souvenirläden aber reichlich bestückte Zermatt und einem abendlichen Diner im Hotel, wo die Speisekarte diesmal wie folgt aussah: Melone mit geräuchertem Truthahnschinken, Tomatensuppe, Kalbsragout an Basilikumsauce mit Grießgnocchi und Broccoli mit Mandeln, weiße Schokoladencreme mit Birne. In den Pausen zwischen den einzelnen Gängen zeigten Frau Hanssen und Frau Buchfinkler, die nebeneinander saßen, sich gegenseitig Bilder von ihren Kindern und Enkelkindern. Frau Buchfinkler, die sich für heute Abend übrigens deutlich mit Parfüm eingedeckt hatte, ließ bei jedem Kinderbild ein geziertes »allerliebst« hören, worauf Frau Hanssen regelmäßig mit einem etwas gelangweilten »nicht wahr« entgegnete. Früh ging man zu Bett, da am nächsten Tag der eigentliche Höhepunkt der Reise, die Fahrt mit dem »Glacier-Express« zu erwarten war.

Da Justus nicht recht einschlafen konnte, nahm er den Reiseführer zur Hand und las, aus Wissbegierde und Vorfreude zugleich, das Kapitel über den vierten Tag der Reise. In einer 7½-stündigen Fahrt sollte es von Zermatt über Brig, Andermatt und Disentis nach St. Moritz gehen, und zwar durch 91 Tunnel und über 291 Brücken und Viadukte. Schon die bloße Beschreibung der Wegstrecke mit den beigefügten Bildern ließ die bevorstehende Gebirgsfahrt durch die Welt der Schweizer Viertausender als wahre Attraktion erscheinen. Mit diesen Bildern im Kopf, die ihn bis in den Traum begleiteten, schlief Justus dann doch noch zeitig ein.

* * *

Nach dem Frühstücksbuffet am nächsten Morgen versammelte sich die Reisegesellschaft am Bahnhof Zermatt. In einem für die Gruppe reservierten Panorama-Wagen 1.Klasse nahm man Platz und lernte dabei, da die Platzverteilung eine andere als im Bus war, neue Mitfahrer näher kennen. Justus und Elfriede saßen mit einem Ehepaar mittleren Alters zusammen und machten sich miteinander bekannt. Herr und Frau Meier aus der Olper Gegend waren seit 25 Jahren kinderlos verheiratet und beide als Bankangestellte berufstätig. Obwohl groß und schlank, zeigte Herr Meier schon einen deutlichen Ansatz von Altersbauch. Das graumelierte, noch recht volle Haar trug er gescheitelt und hinter den etwas abstehenden Ohren leicht gelockt. Justus wünschte sich, als er dies sah, insgeheim auch einen volleren Haarwuchs, hatten doch gerade in den letzten Jahren die Geheimratsecken seine Stirn allzu sehr vergrößert. Frau Meier war trotz ihres vorgerückten Alters eine ausgesprochen gepflegte Erscheinung und hatte sich in Haltung, Kleidung und Sprechweise einen gewissen jugendlichen Charme bewahrt. Sie trug ebenso wie Elfriede nur wenig, aber dezenten Schmuck. Schon bald kam es zwischen den beiden Ehepaaren zu einer angeregten Unterhaltung.

Die Abfahrtszeit verzögerte sich etwas. Nach einer kurzen Einführung durch den Reiseleiter Dr. Knöchelchen, die über die Lautsprecheranlage im ganzen Wagen gut zu hören war, gab der Zugführer durch Pfeifton das übliche Zeichen und die Fahrt begann. Der langsamste Schnellzug der Welt fuhr durch eine atemberaubende, stets wechselnde Landschaft, schraubte sich in lang gezogenen Serpentinen zu den Höhen hinauf und bot immer wieder neue reizvolle Ausblicke. Herr Hanssen war mit seinem Fotoapparat im Dauereinsatz. Die ersten Brücken und Tunnel wurden noch mit einem allgemeinen »Ah« der Reisenden bedacht und erzeugten bei dem einen oder anderen ein seltsam kribbelndes Gefühl in der Magengegend. Bald aber schon fühlte man sich als routinierter Gebirgstourist, sei es bei der Überquerung des höchsten Viadukts, sei es bei der Durchquerung des längsten Schmalspurbahn-Tunnels der Welt. Seinen ursprünglichen Plan, die Tunnel zu zählen und die Dauer ihrer Durchfahrt zu messen, gab Justus schnell auf und widmete sich nur noch dem augenblicklichen Eindruck, der letztlich dahin ging, in diesem überwältigenden Panorama der ihn umgebenden Viertausender ein ganz kleiner Mensch zu sein.

Durch den begleitenden Kommentar des Reiseleiters und ergänzende kurze Einblicke in den Reiseführer stürmten viele die Region betreffenden Namen auf die Reisenden ein, Namen, die vom Hörensagen her im Hinterkopf schlummerten und teilweise nur am Rande mit dem gerade Gesehenen zu tun hatten. Da war von dem als Kurort beliebten Saas Fee die Rede, einer ebenfalls autofreien Ortschaft, die am Fuße des 4545 m hohen Bergriesen Dom liegt und »Perle der Alpen« genannt wird. Da wurde die im 19. Jahrhundert erbaute Furka-Passstraße erwähnt und die Tatsache, dass der Glacier-Express unterhalb des Passes durch den Tunnel fährt. Da fand der nächste Halteort, die Ortschaft Andermatt, eine nähere Beschreibung, ein im Zentrum des St.-Gotthard-Massivs gelegenes Bergdorf im Kanton Uri, das von der Alpwirtschaft und dem Tourismus lebt. Hier wurde ein Zwischenstopp eingelegt, bei dem Elfriede und Frau Meier die Gelegenheit wahrnahmen, den Bahnsteig aufzusuchen, eine Zigarette zu rauchen und sich durch ein Auf-und ab-Schlendern die Beine zu vertreten.

Währenddessen unterhielten sich die beiden Männer, die sitzen geblieben waren, über das beiderseitige Befinden und über das Altwerden im Allgemeinen. Justus fragte: »Wie sind Sie mit der bisherigen Unterbringung zufrieden? Können Sie im Hotel genau so gut schlafen wie zu Hause?« Herr Meier, dem die Frage offenbar unangenehm war, lachte etwas verlegen und entgegnete: »Ehrlich gesagt, weder hier noch dort.« Auf den verwunderten Blick seines Gegenübers ergänzte er: »Ich habe seit einiger Zeit gewisse Schwierigkeiten und muss mehrere Male in der Nacht aufstehen, um zur Toilette zu gehen. Mit Kürbiskernen, die einem immer empfohlen werden, und mit verschiedenen Medikamenten habe ich es schon versucht, aber bisher ohne Erfolg.« Justus meinte, am Besten sei doch wohl zunächst einmal eine urologische Untersuchung. Herr Meier nickte bedächtig mit dem Kopf, zupfte verlegen an seinem Ohrläppchen und fuhr fort: »Es kommt ja hinzu, dass durch das häufige Aufstehen meine Frau im Schlaf gestört wird. Wir haben uns deshalb kürzlich entschlossen, in unserer geräumigen Wohnung ein zweites Schlafzimmer einzurichten.« Justus bestätigte, dies sei eine gute Idee und habe zudem den Vorteil, dass man auf diese Weise auch den mit zunehmendem Alter sonst noch auftretenden Beschwerden wie nächtliches Husten oder Schnarchen am besten Rechnung trage. Eine ärztliche Untersuchung aber halte er unabhängig davon in jedem Falle für angebracht.

Die Damen, die ersichtlich ein gutes Gespräch geführt hatten, kamen ganz aufgeräumt wieder herein und die Fahrt ging alsbald weiter bis zum nächsten Halt, dem Bergdorf Disentis. Dieser im Kanton Graubünden gegenüber der Mündung des Mittelrheins liegende Kurort beherbergt ein berühmtes Benediktinerkloster aus dem achten Jahrhundert, dem ein kurzer Abstecher der Reisegruppe galt. Im Übrigen wartete in Disentis zur Mittagszeit ein typisches Schweizer Gericht auf die Reisenden: »Zürcher Geschnetzeltes« mit Tischwein und Dessert-Buffet. Gestärkt bestiegen Justus und Elfriede wieder den Glacier-Express, erlebten die Vorbeifahrt am Zusammenfluss von Vorderrhein und Hinterrhein und fuhren – mit Ausblick auf eine beeindruckende Felsenlandschaft – über Ilanz und Tiefencastel nach St. Moritz im Oberengadin, dem attraktiven Endpunkt dieser Bahnstrecke.

* * *

Hier erfolgte wieder der Umstieg in den hierhin umgeleiteten Bus, der die Reisenden nebst Gepäck in das für die nächsten zwei Tage gebuchte Hotel brachte, abermals ein gediegenes 4-Sterne-Hotel, in dem nun das Abendessen eingenommen wurde. Das als Kur- und Wintersportort weltberühmte St. Moritz, wo schon zum wiederholten Mal die Olympischen Winterspiele ausgetragen wurden und das als gesellschaftlicher Treffpunkt von Prominenz aus aller Welt bekannt ist, liegt mehr als 1800 m hoch im Graubündener Land, dem östlichsten Kanton der Schweiz. Bei einem beschaulichen Abendbummel ließen Justus und Elfriede die Eigenheiten dieses mondänen Ortes, seiner Geschäfte, seiner Luxushotels und der sonstigen Baulichkeiten auf sich wirken. Dass es nicht nur in Pisa, sondern auch in St. Moritz einen schiefen Turm gibt, hörten sie bei dieser Gelegenheit zum ersten Mal.

Die Reise mit dem »Glacier-Express« war zu Ende, aber noch war kein Denken an die für später vorgesehene Rückfahrt mit dem Reisebus. Denn zunächst stand ein weiteres Bahnerlebnis auf dem Programm: die Fahrt mit dem »Bernina-Express« von St. Moritz nach Tirano in Italien. Elfriede wollte einen Ruhetag einlegen und hatte sich mit Frau Hanssen verabredet, statt der Italienfahrt einen gemeinsamen Einkaufsbummel in St. Moritz zu machen. Frau Hanssen wollte wegen nächtlicher Wadenkrämpfe ohnehin eine Apotheke aufsuchen und Elfriede hatte am gestrigen Abend im Schaufenster eines Juweliergeschäfts einen schönen Fingerhut entdeckt, den sie für ihre Sammlung erwerben wollte.

Die übrige Reisegruppe nahm im »Bernina-Express« Platz, der ohne Zahnräder die höchste Eisenbahnstrecke der Alpen befährt. In wenigen Stunden zeigen sich auf der Strecke nach Tirano die krassesten Gegensätze in der Natur: eisige Gletscher am Bernina-Pass und liebliche Weinberge in Italien. Die Fahrt ging über Pontresina zur Station Morteratsch. Schon von weitem waren die mächtigen Eisriesen der Bernina zu sehen, so der knapp 4000 m hohe Piz Palü. Ohne Tunnel wand sich der Zug über zahlreiche Bahnkehren, teilweise mit extremer Steigung hinauf zum Bernina-Pass, wo mit 2256 m der höchste Punkt der Fahrt und damit zugleich Europas höchster Eisenbahnstreckenpunkt erreicht war. Die anschließende Abwärtsfahrt führte – wiederum in vielen Kehren und unter Überwindung von rund zweitausend Höhenmetern – nach Poschiavo, einem Ort, wo Bauweise und Landschaft in gewisser Weise schon ein südliches Flair vermitteln. Über Brusio und mehrere andere Orte ging es dann über die italienische Grenze nach Tirano, eine 450 m hoch gelegene Stadt in Oberitalien, die gleichzeitig den Verkehrsknotenpunkt im Veltlin darstellt und auch durch ihre Wallfahrtskirche bekannt ist.

Hier endete die Bahnfahrt. Die Reisenden stiegen in einen bereitstehenden Bus um und sahen auf ihrer Weiterfahrt zum Comer See typische italienische Bergdörfer, Obstanbaugebiete und herrliche Weinberge, denen der weltberühmte »Veltliner« zu verdanken ist. Der in der Lombardei gelegene Comer See, der rund 145 qkm groß und durch Dampferverbindungen bestens erschlossen ist, zeigt eine mediterrane Pflanzenwelt, die von Dr. Knöchelchen bei dem gemeinsamen Spaziergang entlang der Uferstraße verständlich erklärt wurde. Vom Comer See aus ging es mit dem Postbus weiter, zunächst nach Soglio, einem urigen Ort mit alter Römerbrücke und als Sonnenterrasse und Aussichtspunkt bekannt, und dann weiter über den Malojapass entlang den Engadinseen zurück nach St. Moritz.

Justus wurde im Hotel schon von Elfriede erwartet und berichtete begeistert über das Erlebte. Elfriede hatte ihren Fingerhut erstanden und fragte Justus, ob er sie den Tag über denn wenigstens ein bisschen vermisst habe. Justus nahm sie in den Arm und sagte verschmitzt: »Schade, dass wir verheiratet sind«. Etwas irritiert und, da sie Justus mit seinen Scherzen zur Genüge kannte, in gespielt vorwurfsvollem Ton fragte sie zurück: »Wie war das gerade?« Er wiederholte: »Schade, dass wir verheiratet sind. Sonst würde ich jetzt um deine Hand anhalten«. Elfriede lachte und ein dicker Kuss beendete das Herzensgeplänkel.

* * *

Während am nächsten Morgen das Gepäck in den Bus verladen wurde und die Reisenden in Grüppchen beieinander standen, um den Antritt der Rückfahrt abzuwarten, unterhielt sich Justus noch einmal mit Herrn Meier. Dieser hatte heute eine Krawatte umgebunden und meinte wie entschuldigend, er müsse bei seiner Tätigkeit in der Bank stets eine Krawatte tragen und komme deshalb manchmal auch sonst aus diesem Trott gar nicht heraus. Justus wies darauf hin, es sei ihm während seiner aktiven Dienstzeit im Gericht nicht anders gegangen; seit seiner Pensionierung gönne er sich aber bewusst mehr Halsfreiheit. Zwar sei ihm dies besonders bei seinen Zusammenkünften mit Kollegen oder Bundesbrüdern zunächst etwas schwer gefallen, werde aber zunehmend überall akzeptiert. Auf Urlaubsreisen nehme er schon seit Jahren grundsätzlich keine Krawatte mehr mit; Schillerkragen oder Pulli seien eben doch erheblich gemütlicher. Die inzwischen hinzugetretene Frau Meier nickte mit dem Kopf und bestärkte Ihren Mann darin, in Zukunft auch so zu verfahren.

Der Reiseleiter klatschte in die Hände und bat darum, Platz zu nehmen. Dass der Höhepunkt der Reise nun überschritten war, merkte man an der leicht wehmütigen Stimmung, die einen beim abschließenden Blick auf St. Moritz beschlich. Dabei sollte die Rückfahrt, für die zwei Tage vorgesehen waren, noch voller Erlebnisse sein. Zunächst einmal fuhr der Bus, in dem wieder die alte Platzordnung galt, von St. Moritz aus an der Silvaplana-Seenplatte vorbei über die alte Römerstraße des Julierpasses bis Tiefencastel, einen Ort, den man auf der Hinfahrt bereits als Bahnstation kennengelernt hatte, sodann über die »Gischtbrücke« weiter nach Zillis-Reischen. Der Reiseleiter Dr. Knöchelchen verteilte nunmehr im Bus kleine Spiegel, für jeden Fahrgast einen. Als er – wieder mit hochgezogenen Augenbrauen und leicht schräg gelegtem Kopf – Justus fragte, zu welchem Zweck dies wohl geschehe, musste dieser passen. Auch die anderen warteten mit Spannung auf des Rätsels Lösung. Die kam dann bald. In der Kirche von Zillis-Reischen gab es nämlich ein berühmtes facettenartiges Deckengemälde, das man, ohne sich den Kopf zu verrenken, am besten mit Hilfe eines Spiegels betrachten konnte. Die Gruppe der Spiegelgucker wirkte bei ihren Bemühungen etwas kurios, war aber mit dem Ergebnis recht zufrieden.

Nach der Besichtigung gab es einen herzhaften Brotzeitteller mit Bündner Fleisch und einheimischen Käsesorten; dann setzte der Bus seine Fahrt fort. Die nächste – vom Reiseleiter geradezu feierlich angekündigte – Besichtigungspause fand an der großartigen »Via mala« im Kanton Graubünden statt, einer 500 m tiefen Schlucht des Hinterrheins zwischen den Tälern Schams und Domleschg. Hoch oben auf der Brücke stehend blickten Justus und Elfriede hinunter in die gewaltige Schlucht, während der Reiseleiter von dem viel gelesenen Gesellschaftsroman von John Knittel erzählte.

Die Weiterfahrt endete zur nächsten Übernachtung in der Hauptstadt des Kantons Graubünden, in Chur (595 m ü. M.), der ältesten städtischen Siedlung in der Schweiz, die am oberen Ende des Rheintals liegt. Sie hatte schon in sehr früher Zeit besondere Bedeutung als Kreuzung der alten Handelsstraßen zwischen den Alpen und dem Bodensee. In Chur fand eine eingehende Stadtbesichtigung (spätgotische Martinskirche, Rathaus aus dem 15. Jahrhundert, Gerichtsgebäude, Rätisches Museum) und eine ebenso kurzweilige wie informative Führung durch die spätromanische Kathedrale statt. Auf dem Weg durch die Stadt überraschte die Vielzahl von Brunnen, Arkadenhöfen und winkligen Gassen. Der Gesamteindruck der Altstadt ebenso wie der Besuch der urigen Weinstube »Bischöfliche Hofkellerei« prägten sich als unvergessliches Erlebnis ein.

Die Unterkunft erfolgte in einem, wie Elfriede es ausdrückte, an sich »schnuckeligen« Hotel, das aber leider unmittelbar an einem stark rauschenden Wasser lag. Sowohl das laute Tosen des Wassers als auch die vielen Mücken störten sehr. Elfriede legte sich ihr Haarnetz über den Kopf und konnte tatsächlich einschlafen. Anders ging es Justus, der keinen Schlaf fand und letztlich mit seinem Bettzeug ins Badezimmer marschierte, wo er – zum ersten Mal in seinem Leben – in einer Badewanne schlief.

* * *

Auf der Rückfahrt am nächsten Tag war es im Bus ziemlich still. Man ließ die Erlebnisse Revue passieren und war wohl in gewisser Weise auch etwas abgespannt. Die Heimfahrt ging über Liechtenstein mit Aufenthalt in Vaduz, weiter Bregenz und am Bodensee entlang bis zu den einzelnen Ausgangsorten. Eine Zwischenpause gab es nur zum Mittagessen in einem Autohof. Danach wurden restliche Adressen ausgetauscht, dem Reiseleiter, seiner Tochter und dem Fahrer gedankt und allseits ein gutes Nacherleben gewünscht.

Bereits wenige Tage nach der Rückkehr trafen bei Justus und Elfriede die versprochenen Fotografien von Herrn Hanssen ein, die zusammen mit einem handschriftlichen Reisebericht das Müller'sche Urlaubsalbum komplettierten. Und noch etwas traf ein: Zwei Urkunden des Bahnhofvorstandes of Switzerland St. Moritz-Zermatt, durch welche dem jeweiligen Inhaber bestätigt wurde, dass er

> »die 290 km lange Strecke des legendären Schweizer
> Glacier-Express über 291 Brücken und durch 91
> Tunnels, darunter den längsten Schmalspurbahn-
> Tunnel der Welt, persönlich als Bahngast gefahren ist.«

Zweites Kapitel

Eine ganz gewöhnliche Woche

Still war es in der Wohnung. Die muntere Schar der Enkel, fünf an der Zahl, war an diesem schönen Sonntagnachmittag von den Eltern wieder abgeholt worden und hatte, wie Elfriede halb scherzhaft meinte, ein kleines Chaos hinterlassen. Der Besuch war wie gewöhnlich abgelaufen. Zunächst ein braves Zusammensitzen mit Erzählen, Singen und Vorlesen. Dann ein gemeinsames Spielen am großen Esszimmertisch, wobei sich schon die ersten Temperamente in verschiedener Lautstärke zeigten. Und schließlich ein lockeres Treiben in allen Räumen, bei dem hier ein Glas zerbrach, dort ein Kissen sich auflöste und auch schon mal Freudenjuchzer von Tränen unterbrochen wurden. Irgendwie waren alle letztlich zufrieden, aber Opi und Omi, wie sie in der ganzen Familie genannt wurden, auch ziemlich geschafft.

Die alte Weisheit, dass Großeltern sich immer freuen, wenn die Enkelkinder kommen, aber auch froh sind, wenn der Besuch dann wieder beendet ist, hatte sich erneut bewahrheitet.

Justus und Elfriede waren wieder allein. Ein kurzes gemeinsames Aufräumen brachte die Wohnung wieder in Ordnung. Dabei wurde die von Rita ganz besonders geliebte Haarspange, die sie beim Versteckspiel in einer Ecke verloren hatte, wieder gefunden und ein Werbeaufkleber, den der kleine Theo auf die matt glänzende Vorderseite des Klaviers geklebt hatte, wieder entfernt. Abends rief Elfriede bei der Tochter an, erkundigte sich, ob alle gut heimgekommen seien und teilte mit, dass die Haarspange wieder da sei.

Nun war es still in der Wohnung. Gerade dann, wenn noch kurz zuvor Kinderlachen und ausgelassene Fröhlichkeit die Luft erfüllt hatten, spürte man die Stille ganz besonders. Justus und Elfriede gönnten sich, nachdem sie die Nachrichten gehört hatten, bei einem Glas Rotwein von der Ahr (halbtrocken) noch eine ruhige Lesestunde und gingen dann früh zu Bett.

»So schön es auch war«, sagte Justus schon in Pantoffeln, »an solchen Tagen merkt man doch irgendwie, dass man älter wird«.

* * *

Montags war Justus an der Reihe, Brötchen zu holen. Er entschied sich diesmal für Mehrkornbrötchen, brachte noch zusätzlich eine Müslistange mit und holte die Zeitung herein. Während Elfriede den Kaffee zubereitete, verschwand Justus nochmals im Bett und las genüsslich die Sportnachrichten und in aller Ruhe auch die Todesanzeigen. Immer öfter tauchten hier die Namen von Verstorbenen seines Jahrgangs auf, manchmal auch völlig überraschend solche von Bekannten. Den politischen, wirtschaftlichen und kulturellen Teil der Zeitung sparte er sich für die Zeit nach dem Frühstück auf.

Elfriede brachte unter anderem selbst eingemachte Marmelade auf den Tisch und freute sich über ehrliche Anerkennung. Bei dem Wettbewerb zwischen gekaufter und eigener Marmelade hatte sie stets die besseren Karten. Beim Frühstück wurden die für heute notwendige Fahrt zum Getränkemarkt und die sonstigen Tagespläne erörtert. Beide achteten – auch wechselseitig – darauf, dass jeder seine Tabletten pünktlich einnahm. Auf diese Weise hatten sie schon seit geraumer Zeit ihre Beschwerden (Bluthochdruck, Wadenkrämpfe usw.) gut in den Griff bekommen.

Nachmittags machte sich Justus an seine Einkommensteuer-Erklärung, die er tagelang vor sich hergeschoben hatte und die insbesondere wegen der Nebeneinkünfte und die damit zusammenhängende Vielzahl kleiner Belege für die Werbungskosten recht arbeitsaufwendig war. Da er nach seiner Pensionierung weiterhin noch als Fachschriftsteller tätig war, konnte er die nachgewiesenen Auslagen (Bezug und Einbinden von Fachzeitschriften, Besuch der Frankfurter Buchmesse, anteilige Telefon-, Fahrt-, Porto- und Schreibunkosten) absetzen. Auch hatte ihm das Finanzamt die Absetzung seines Arbeitszimmers anerkannt. Dass die für seine Arbeit an sich ebenfalls unentbehrliche Wochenzeitung überwiegend zum privaten Lebensbedarf zählt und deshalb nicht absetzbar war, hatte er nach einmaliger Beanstandung durch das Finanzamt sofort eingesehen.

Beim abendlichen Stammtisch des Kartellverbandes, bei dem die »Alten Herren« wieder einmal von früher erzählten und die jungen Füchse und aktiven Burschen aus dem aktuellen Verbindungsleben berichteten, kam es heute Abend unter anderem zu interessanten Streitgesprächen. In der einen Verbindung waren Bestrebungen aufgetaucht, entgegen bisheriger Grundsätze des Kartellverbandes das Tragen farbiger Bänder zu gestatten. Dies widerspreche, so meinte ein Bundesbruder, nicht den Kernprinzipien des Verbandes und belebe schon rein äußerlich das Gemeinschaftsgefühl. In einer anderen Verbindung drängte man darauf, die Mitgliedschaft im Kartellverband auch für Frauen zu öffnen, also den alten Zopf rein männlicher Korporationszugehörigkeit abzuschneiden. Die Mitgliedschaft interessierter und geeigneter Studentinnen beeinträchtige nicht die Ziele des Verbandes, könne vielmehr eine Bereicherung für das Verbindungsleben sein.

Bei der ebenso lebhaften wie kontroversen Diskussion meldeten besonders die »Alten Herren«, die betonten, sie seien zwar konservativ, aber nicht rückständig, Bedenken gegen die ins Auge gefassten Weichenstellungen an. Einer meinte, andere Fragen seien im Augenblick wichtiger, so etwa die tatkräftige Unterstützung der Verbindungen, die sich im Osten Deutschlands wieder neu etabliert hätten. Hier bestehe zur Zeit, wenige Jahre nach der deutschen Wiedervereinigung, sowohl in sachlicher als auch in personeller Hinsicht deutlicher Handlungsbedarf. Er wolle hierzu auch sogleich Anregungen geben. Vielleicht könne man zum Beispiel einen »Soli« als Zuschlag zum Verbandsbeitrag einführen oder zur Förderung persönlicher Kontakte an ein Austauschsemester denken. Die Reaktionen auf diese Anregungen waren durchaus unterschiedlich. Justus nahm sich vor, zu den angeschnittenen Themen demnächst einmal in der Verbandszeitschrift einen Beitrag zu schreiben, um das Für und Wider der einzelnen Vorschläge näher zu beleuchten.

* * *

Für Dienstag hatten Elfriede und Justus einen Termin bei ihrem Internisten. Es stand der übliche Rundum-Check an, den sie einmal jährlich durchführen ließen. Nach Blutdruckmessung und persönlichem Gespräch mit dem Arzt, bei dem die Beschwerden der letzten Zeit eingehend erörtert wurden, folgte das »ganze Programm«: EKG, Lungenfunktionsprüfung, Blutentnahme für das große Blutbild, Ultraschalluntersuchung und bei Justus – der seit Jahren an einem Lungenemphysem litt – auch noch eine Röntgenaufnahme. Mit verschiedenartigen Rezepten ausgestattet, suchten beide anschließend die Apotheke auf und wunderten sich über die schon wieder gestiegenen Preise der Medikamente. Da sie privat krankenversichert waren und Vorauszahlung leisten mussten, benötigten sie die Rezepte jeweils in doppelter Ausführung: für die staatliche Beihilfestelle (deren Erstattung auf 70% der beihilfefähigen Aufwendungen beschränkt war) und für die private Krankenkasse (bei der die restlichen 30% versichert waren). Mehrmals im Jahr reichte Justus die Rezepte und Arztrechnungen, die sich mit zunehmendem Alter immer schneller ansammelten, bei den genannten Stellen ein, eine manchmal recht lästige Angelegenheit. Einige Wochen später erhielt er dann den Erstattungsbetrag – abzüglich bestimmter Einbehaltungen – überwiesen.

Bei der Mithilfe im Haushalt tat sich Justus noch ziemlich schwer, zumal er vom Kochen nicht das Geringste verstand. Immerhin hatte sich mit der Zeit herauskristallisiert, wo seine Stärken und Schwächen lagen. Morgendliches Bettenmachen, Brötchenholen und Kaffeekochen gehörten alsbald zu seiner Domäne. Auch die Abfallentsorgung und die wöchentliche Einkaufsfahrt zum Getränkemarkt waren eine Selbstverständlichkeit. Schließlich übernahm er gerne das ihm von der Soldatenzeit her bekannte Kartoffelschälen, Knöpfe annähen und Bügeln einfacher Wäschestücke, sämtlich Tätigkeiten, bei denen er seiner Lust zum Singen reichlich Spielraum geben konnte. Dagegen blieben ihm die Geheimnisse der Waschmaschine und bestimmter Küchengeräte weithin verschlossen. Mit Putzarbeiten brauchte er sich – abgesehen von der gelegentlichen Entstaubung seiner Bücherregale – nicht zu befassen, da für Wohnung und Treppe eine Putzhilfe zur Verfügung stand.

Gab es ansonsten im Haushalt etwas zu erledigen oder wünschte Elfriede ad hoc seine Mithilfe, so verstand sie es in aller Regel geschickt, ihn vom Schreibtisch oder vom Lesesessel her wegzulocken.

Bei Alleineinkäufen im Supermarkt, die allerdings nur selten stattfanden, gab Elfriede ihm einen detaillierten Einkaufszettel mit, und zwar – zum leichteren Auffinden der gewünschten Artikel – jeweils in der Reihenfolge, wie sie bei einem Rundgang durch den Supermarkt anzutreffen waren. Das zwischenzeitliche Abwiegen von Obst, die automatische Rückgabe von Leergut und das Aus- und Einpacken des Einkaufswagens an der Kasse hatte er nach gewissen Anfangsschwierigkeiten schnell begriffen. Dennoch gab es ab und zu einmal Pannen, so etwa wenn er nicht auf das meist klein gedruckte Haltbarkeitsdatum geachtet, die Kaffeesorte verwechselt oder zu fettige Milch (3,5% statt 1,5%) mitgebracht hatte.

Neben den üblichen Freizeitbeschäftigungen wie Lesen, Musik hören und Rätsel lösen nahm das Fernsehen mit der Zeit einen immer breiteren Raum ein. Dabei zeigte sich, dass die Interessen der Eheleute Müller teilweise auseinander gingen. Während Elfriede am liebsten Sportsendungen, Reiseberichte und Übertragungen klassischer Musik wählte, zog Justus Sendungen aus Politik und Wirtschaft, »Krimis« sowie Berichte aus der Tierwelt vor. Zu Auseinandersetzungen aber kam es insoweit kaum. Vorherige Absprachen vermieden jedes auch nur stille Bemühen um eine »Herrschaft über die Fernbedienung« und legten von vornherein fest, was nach der Tagesschau gesehen werden sollte. Besonders gern schauten beide gemeinsam Quizsendungen, bei denen immer ein wettbewerbliches Mitraten gefragt war. Dabei bestätigte sich: Auf dem häuslichen Sofa glaubte man oft, klüger zu sein als der Kandidat.

* * *

Was der Postbote heute brachte, bestand im Wesentlichen – wie so häufig – aus Rechnungen, Werbezuschriften und Bettelbriefen (besser: Dankbriefen unter Beifügung neuer Überweisungsformulare). Ein Brief aber war dabei, den Justus sofort öffnete. Ein Fachverlag trat an ihn heran, und zwar gleich mir einer doppelten Anfrage: Ob er bereit sei, einen Aufsatz zu dem in der Anlage näher bezeichneten Thema zu schreiben sowie eine Rezension zu der beigefügten Neuerscheinung zu fertigen. Justus war einverstanden, freute er sich doch, dass man ihn auch im Ruhestand noch nicht ganz vergessen hatte. Hinzukam, dass er die Arbeit am Schreibtisch in der letzten Zeit doch sehr vermisst hatte und außerdem jetzt einen Anlass sah, seinen mehrfach aufgeschobenen Plan zu verwirklichen und sich anstelle des alten Computers, der kürzlich seinen Geist aufgegeben hatte, einen modernen Laptop nebst Drucker anzuschaffen. Nach kurzer Einweisung durch den Techniker, der auch den Internet-Anschluss installierte, merkte Justus schon bald, welche Vielfalt an Möglichkeiten das neue Gerät ihm bot. Elfriede nörgelte zwar leicht, nun werde er sich wohl wieder häufiger in sein Arbeitszimmer zurückziehen und nicht zu sprechen sein, freute sich im Stillen aber doch über seine Freude.

Zur Vorbereitung seines Aufsatzes befasste sich Justus unter anderem auch mit dem Problem »Scheidung im Alter«. Er stellte fest, dass in den zehn Jahren seit Beendigung seiner richterlichen Tätigkeit die jährlichen Scheidungszahlen in Deutschland von 135 010 auf 204 214 gestiegen waren und dass sich dabei die Zahl der über 60-jährigen Trennungsbeteiligten mehr als verdoppelt hatte. Die Gründe einer solchen späten Trennung sind erfahrungsgemäß vielgestaltig. Oft sind Ehepaare bis ins hohe Alter hinein verheiratet und merken irgendwann, dass nur die Gewohnheit sie noch zusammenhält. Die Kinder sind aus dem Hause, der Mann hat seine Berufstätigkeit beendet und (noch) keine sinnvolle

Gestaltung des Ruhestandes gefunden, die Frau ist noch voller Pläne, die bisher wegen der Sorge für die Familie nicht hatten verwirklicht werden können, und sieht die Erfüllung ihres Lebensabends nicht gerade darin, einen bequem gewordenen Rentner zu versorgen. Hier kommen erste, sich selbst nicht eingestandene Trennungswünsche auf. Wer aber zwischen der silbernen und der goldenen Hochzeit mit dem Gedanken an eine Scheidung spielt, spürt nicht selten alsbald schon die Angst, danach plötzlich einsam und verlassen zu sein. Die Gründe des Für und Wider einer Trennung sind regelmäßig sehr persönlicher Art, stammen aus einer inneren Unzufriedenheit und müssen – wenn nicht im Einzelfall gravierende Umstände vorliegen – keinesfalls mit Vorwürfen gegen den anderen Ehegatten einhergehen. Religiöse Gründe, gemeinsamer Hausbesitz, familiäre Kontakte zu den erwachsenen Kindern können bei der Abwägung ebenso mitspielen wie die häufig nicht leicht zu überschauenden finanziellen Folgen einer Scheidung, möglicherweise auch die als bitter empfundene Peinlichkeit, der Umwelt jetzt im Alter ein Scheitern der Ehe offenbaren zu müssen. In einer solchen Situation sind vorschnelle Entscheidungen jedenfalls fehl am Platze, die eigene Auseinandersetzung mit dem Altwerden dagegen notwendig und vordringlich. Stellen alte Eheleute fest, dass lähmende Routine an die Stelle ursprünglicher Euphorie getreten ist und dass man sich nichts mehr zu sagen hat, sondern weithin aneinander vorbeilebt, dann ist eine beziehungstherapeutische Beratung dringend zu empfehlen. Gerade bei alten Ehen sprechen Fachleute hier von besonders guten Erfolgen.

Nach diesem Faktencheck wollte Justus gerade mit der Ausarbeitung seines Aufsatzes beginnen, als es schellte und die Enkelin Barbara hereinkam, um den Großeltern ihr neues Zeugnis zu präsentieren. Die heftig umstrittenen Kopfnoten, mit denen das

Arbeits- und Sozialverhalten der Schüler früher beurteilt wurde, gab es augenblicklich nicht mehr. Die Leistungsnoten in Barbaras Zeugnis aber waren durchweg gut. Der erfreute Opa erkundigte sich noch nach einigen Schul- und Unterrichtsneuigkeiten, lobte den Fleiß der Enkelin und schenkte ihr einen 10-Euro-Schein. Barbara rief entzückt aus: »Oh, das sind ja soviel wie 20 Mark!« Ebenso wie die meisten Erwachsenen rechnete sie die neue Währung noch immer zunächst in D-Mark um, lag doch das Inkrafttreten des Euro als bares Zahlungsmittel erst kurze Zeit zurück. Noch mehr freute sie sich aber darüber, dass der Opa sich bereit erklärte, mit ihr eine Partie Schach zu spielen. Sie war in der Schule in einer Schach-AG und gerade dabei, die verschiedenen Eröffnungen zu lernen. Justus zeigte ihr Variationen der spanischen Eröffnung und regte an, man solle sich künftig etwa einmal wöchentlich zum Schachspielen treffen. Mit einem kleinen Buch aus Opas Bibliothek über Schacheröffnungen zog Barbara beglückt nach Hause.

* * *

In der Nacht hatte es heftig geregnet und auch am Morgen sah der Himmel noch nicht einladend aus. Justus verschob deshalb seinen geplanten Spaziergang und nahm sich die »Krabbelkiste« vor, eine riesige, ursprünglich für Weihnachtsgebäck bestimmte Blechdose, in der die Familie seit vielen Jahren alle Fotos, die nicht in einer Sondermappe oder in einem Album gelandet waren, gesammelt hatte. Da waren zunächst die Bilder aus der eigenen Kinderzeit, die den Erinnerungsfilm in Gang setzten, so das große Familienfoto von der goldenen Hochzeit der Großeltern im Jahre 1931: Der Großvater mit langem weißen Bart und freundlichem Lächeln, die Großmutter als Zentrum der Familie mit ihrem alten

Hochzeitsgesteck im Haar, die neun erwachsenen Kinder, teilweise mit Ehegatten, alle etwas feierlich steif, die Männer mit dem unbequemen »Vatermörder« am Hals, und schließlich die ersten sechs Enkel, darunter Justus selbst als vierjähriger Knirps. Mit einer gewissen Beklemmung stellte Justus fest, dass er von den zwanzig abgebildeten Personen inzwischen der einzige noch Überlebende war. Weitere Bilder zeigten die Eltern und Geschwister bei allen möglichen Gelegenheiten, so etwa den Vater als Soldat im Ersten Weltkrieg, als Bergsteiger mit voller Ausrüstung und als preußischen Beamten hinter seinem Schreibtisch bei der Arbeit, die Mutter bei einem Ferienaufenthalt mit den Kindern, beim Aufhängen der »großen Wäsche« im Garten und bei stiller Lektüre im Lehnsessel. Manches frühe Erlebnis tauchte im Gedächtnis wieder auf und gewann beim beschaulichen Nachsinnen sogar klare Konturen.

Frischere Erinnerungen hatte Justus natürlich beim Anblick solcher Bilder, die ab den fünfziger Jahren die eigene kleine Familie betrafen: Vom ersten Urlaub mit dem dreijährigen Sohn auf einem Bauernhof in der Eifel über das Heranwachsen der Kinder, zahlreiche Familienfeste und gemeinsame Ferienaufenthalte bis hin zum Eintritt in den Ruhestand, der mit einem Rundflug über die Insel Juist gefeiert wurde, bot sich ein ganzes Kaleidoskop lebendiger Erinnerungen. Wie schnell die Zeit dabei verging! Ehe Justus dessen richtig gewahr wurde, waren zwei Stunden verflogen. Beim nächsten Familientreffen, so sagte er sich, werde ich den Kindern und Enkeln anhand der Bilder einmal etwas mehr von früher erzählen. Er war sich bewusst, dass Berichte solcher Art bisher wohl zu kurz gekommen waren.

Der Himmel hatte sich aufgehellt und Justus konnte seinen täglichen Spaziergang, den ihm Arzt und Elfriede verordnet hatten, nachholen und dabei so vor sich hin weiter von vergangenen Zeiten träumen.

Beim Mittagessen gab es Spinatpfannekuchen mit Spiegelei, ein Essen, das Justus nicht nur gern mochte, sondern besonders deshalb begrüßte, weil er erst kürzlich beim Zahnarzt eine neue Teleskop-Prothese bekommen hatte, an die er sich erst langsam gewöhnen musste. Die Wochen, in denen er mit dem Kauen ernsthaft Schwierigkeiten hatte und etwa Brotrinden in den Kaffee stippen musste, waren aber Gott sei Dank inzwischen längst vorbei. Elfriede berichtete beim Essen von den neuesten Nachrichten über die Jahrhundertflut entlang der Elbe und sagte, sie denke immer wieder gerne an die nun schon mehrere Jahre zurückliegende Fluss-Kreuzfahrt über die Elbe von Hamburg nach Dresden zurück. Sie wolle sich heute Nachmittag die damals angelegte Sondermappe noch einmal in Ruhe ansehen. Justus nahm dies zum Anlass, die bisherigen Kreuzfahrten kurz anzusprechen und meinte, als Nächstes seien jetzt wohl die Vorbereitungen für die bereits geplante Mittelmeer-Kreuzfahrt an der Reihe.

An jedem zweiten Donnerstag fand, nun schon seit mehr als 35 Jahren, der Doppelkopf-Abend im Kollegenkreise statt. Die Zusammensetzung hatte sich im Laufe der Jahre – teilweise durch Wegzug von Kollegen, teilweise durch bedauerliche Todesfälle – mehrfach geändert und bestand augenblicklich aus sechs ständigen Mitgliedern. Justus war inzwischen der Älteste der Runde und hatte bei deren Gründung an der »Satzung« mitgewirkt. Eine solche erschien zweckmäßig, weil bei der allgemeinen Verbreitung dieses Kartenspiels dessen Regeln – anders zum Beispiel als beim Skatspiel – vielerorts voneinander abweichen. Hier ein kurzer Auszug aus den Spielregeln:

Es wird »ohne die Neunen« gespielt; »Fuchs letzter«
gilt, nicht aber »Karlchen Müller«. »Herz geht durch«
gilt als Doppelkopf. Jeder Punkt (»gegen die Alten«,
»Fuchs gefangen«, »keine neunzig« usw.) zählt 5
Pfennig (heute im Wert verdoppelt auf 5 Cent);
»Solo« und »Solo verloren« sind zusätzliche Punkte.
Solo wird mit »Halt« angesagt, Hochzeit mit »Stopp«.
Der Solist hat Anspiel; einen Zwangssolo gibt es
nicht. Contra und/oder re können bis zur 5. Karte gesagt werden, beim Solo jedoch alles nur sofort. Mit
weniger als drei Trümpfen kann hingelegt werden (=
verdeckte Ablage von zwei Karten); der Aufneh-
mende ist automatisch re-Mann und darf auch – ohne
entsprechenden Hinweis – Trümpfe zurückgeben.

Spielverstöße wurden mit Getränkerunden geahndet. Als
Rundengründe, die allerdings bei der jahrelangen Routine höchst
selten vorkamen, galten:

Verspätetes Erscheinen; irreparable Fehler beim
Kartengeben; nicht bedienen; »Spitze« oder »Alte«
ziehen lassen; Antrinken einer Runde vor deren
Auflassung; Gewinn von mehr als (heute) 6 Euro.

Justus freute sich wie immer auf den gemütlichen Doppelkopf-
Abend und hatte den Eindruck, dass alle beteiligten Kollegen sich
dort ebenfalls so richtig wohlfühlten. Vor Spielbeginn und während des eingeschalteten gemeinsamen Abendessens war hinrei-
chend Zeit und Gelegenheit, sich über Neuerungen in der Justiz
sowie Personalien aus dem Kollegenkreis auszutauschen, nicht
zuletzt auch aktuelle Fragen aus Politik, Wirtschaft, Sport und
Kultur zu erörtern. Nach gut vier Stunden wurde Feierabend

gemacht und Justus ging leicht beschwingt zu Fuß nach Hause, jetzt schon voller Vorfreude auf den übernächsten Donnerstag.

* * *

In letzter Zeit war Justus zum begeisterten Fußgänger geworden. Der Wagen stand meistens in der Garage und wurde – sei es für Einkaufsfahrten oder für den Weg zum Tennisplatz – überwiegend von Elfriede benutzt. Bei dem immer mehr zunehmenden Autoverkehr und der ständigen Parkplatznot in der Stadt zog es Justus vor, seine Wege zu Fuß, mit der Straßenbahn oder mit der S-Bahn zurückzulegen, hin und wieder auch mit der Taxe. Für diesen Wandel mitbestimmend war auch seine Feststellung, dass sich altersbedingt gewisse Schwierigkeiten eingestellt hatten. So fiel ihm etwa der kurze Sicherungsblick über die Schulter nach hinten, der trotz der beiden Rückspiegel üblich und empfehlenswert ist, immer schwerer; zudem ließ, wie er sich eingestehen musste, das Reaktionsvermögen spürbar nach und auch das Ein- und Aussteigen wurde infolge rheumatischer Beschwerden nicht gerade leichter. Nachdem er den Führerschein nun schon seit rund 45 Jahren besaß, fiel ihm bei Abwägung aller Umstände der Abschied vom Autofahren nicht allzu schwer.

Heute hatte er verschiedene Besorgungen in der Innenstadt zu machen und fuhr mit der Straßenbahn bis zum Zentrum. Beim Einsteigen sah er schon, dass die Bahn überfüllt war. Er suchte sich einen festen Stehplatz, erlebte es dann aber mit recht gemischten Gefühlen, dass eine junge Dame aufstand und ihm ihren Platz anbot. An die andere Rolle, die er inzwischen als älterer Mann einnahm, musste er sich erst noch gewöhnen. Die Freude über die Gefälligkeit der jungen Dame überwog aber seine Irritation.

Das Fahren mit öffentlichen Verkehrsmitteln hatte übrigens durchaus auch eine andere Seite. So hatte Elfriede kürzlich in einer überwiegend mit Schülern besetzten Bahn zunächst vergeblich einen Jungen, der die ganze Bank belegt hatte, darum bitten müssen, seine Schultasche auf den Schoß zu nehmen und ihr einen Sitzplatz einzuräumen. Nach mehrfacher Aufforderung und einer mehr als patzigen Antwort reagierte er endlich, allerdings brummend und weiter vor sich hin schimpfend. Anderes war Justus in einer S-Bahn passiert, in der er abends allein in einem Wagen saß. Zwei junge und angetrunkene Burschen zogen grölend, jeder mit einer Bierflasche in der Hand, von Wagen zu Wagen und blieben bei Justus stehen mit den Worten »Na, Alter, alles klar?!« Justus winkte wortlos ab und erreichte, dass die beiden, wenn auch mit Drohgebärden und polternd, weiterzogen. Die morgens in der Zeitung gebrachte Leserzuschrift, man könne bei Dunkelheit die S-Bahn nicht mehr angstfrei benutzen, verstand er jetzt umso besser.

Nachdem Justus seine Besorgungen in der Stadt erledigt hatte, suchte er noch die Stadtbibliothek auf, um – wie er es regelmäßig tat – die neuesten Nummern der Fachzeitschriften, die er seit seiner Pensionierung nicht mehr selbst bezog, zu lesen. Anschließend traf er sich, wie verabredet, mit Elfriede in der alten Stadtschänke zum Mittagessen. Dort gab es in der ansprechenden Speisekarte unter anderem den Hinweis, dass alle besonders gekennzeichneten Angebote auch als Seniorenportion zu haben seien. Für ältere Menschen, die nicht mehr den ganz großen Appetit haben, war dies ein bewährter Kundendienst, der sich schnell herumsprach.

Auf der Heimfahrt fiel es Elfriede auf, dass seit ihrem letzten Stadtbesuch wieder mehrere Einzelhandelsgeschäfte ihren Betrieb eingestellt hatten, unter anderem ein Bäcker, ein Schuhmacher und ein kleines Modegeschäft. In eines der Geschäfte war ein Spielautomatenbetrieb eingezogen. Tatsächlich musste man es immer wieder erleben, dass Geschäfte, die oft in mehreren Generationen das Bild eines Stadtteils geprägt hatten, sich gegenüber Kaufhäusern und Supermärkten nicht mehr länger halten konnten. Für ältere Kunden, die früher mit Stock oder Rollator ihre Besorgungen eben um die Ecke erledigen konnten, waren die jetzt oft erheblich weiteren Entfernungen eine zusätzliche Belastung.

Nachmittags hörte Justus in der Aula seines alten Gymnasiums einen Vortrag zum Thema »Recht im Grenzbereich von Leben und Tod« mit anschließender interessanter Diskussion, spielte zu Hause eine Partie Schach gegen seinen Computer und sah sich abends zusammen mit Elfriede eine der beliebten Quizsendungen an. Eine der Fragen ging dahin, welche weiteren zehn Staaten neue Mitglieder der Europäischen Union seien. Elfriede konnte diese aufzählen und meinte, man solle sich doch einfach einmal bei dem Sender um eine Teilnahme bewerben. Justus meldete Bedenken an, zumal er schon die weitere Frage nach den sieben Weltwundern nur unvollkommen beantworten konnte.

* * *

Für den Samstag hatte sich Justus vorgenommen, die Bücher und Bücherregale in seinem Arbeitszimmer – das er immer noch so nannte, während Elfriede es in »Vaters Spielwiese« umgetauft hatte – nicht nur zu entstauben, sondern ganz neu zu ordnen. Einerseits war viel an Fachliteratur längst überholt und konnte, soweit nicht mehr verkäuflich, entsorgt werden. Andererseits wartete in seinem früheren Computerzimmer, das eine Etage höher lag, zahlreiche nichtjuristische Literatur darauf, die bei der

Entsorgungsaktion entstehenden Lücken zu füllen und damit griffbereiter zu werden. Was die neue Ordnung anging, richtete Justus nunmehr bestimmte Themenbereiche ein: Zwei Regale blieben der restlichen Fachliteratur vorbehalten. Im dritten Regal fanden die Bücher aus den Gebieten Geschichte, Politik und Religion nebst einschlägigen Biografien Platz sowie einige Lexika, im vierten Regal das schöngeistige Schrifttum im weitesten Sinne, geordnet nach Schriftstellern. Alle dann noch verbliebenen Werke nahm der große Bücherschrank auf.

Zeitlich hatte sich Justus mächtig verkalkuliert. Er brauchte für die Neuordnung seiner Bibliothek nicht wie gedacht ein paar Stunden, sondern mehrere Tage. Nicht zuletzt hing dies aber auch damit zusammen, dass er sich immer wieder zwischendurch mit einem Buch, das er lange nicht mehr in der Hand gehabt hatte oder mit dem besondere Erinnerungen verbunden waren, in seinen Lesesessel zurückzog und eine mehr oder weniger lange Stöberpause einlegte. Insgesamt war die ganze Aktion so spannend, dass er zwar nicht unwillig reagierte, aber doch leicht verstimmt war, wenn Elfriede ihn zum Essen rief. Selbst auf den Mittagsschlaf verzichtete er heute, um wenigstens ein Regal fertig geordnet zu bekommen.

Der Samstagabend war ohnehin verplant. Denn an jedem ersten Samstag im Monat traf sich die frühere Kegelrunde, der Elfriede und Justus seit mehr als 40 Jahren angehört hatten, zum gemeinsamen Abendessen, und zwar in einer etwas außerhalb der Stadt im Grünen gelegenen Altersresidenz, in der eines der Ehepaare bereits seit längerer Zeit wohnte. Der ursprünglich aus zehn Ehepaaren bestehende Kegelklub hatte seine eigentliche Tätigkeit, das Kegeln, vor Jahren aufgeben müssen, weil mehrere Mitglieder gesundheitliche Altersbeschwerden der verschiedensten Art hatten. Auch waren in der letzten Zeit mehrere Todesfälle zu beklagen. Dennoch freute sich die verbliebene Runde, dass man sich einmal monatlich bei einem gemütlichen Treffen wiedersah und über frühere Erlebnisse (Kegelausflüge, Geburtstagsfeiern usw.) ebenso wie über aktuelles Geschehen locker plaudern konnte. Beim nächsten Treffen, so war man sich einig, sollte es ein allgemeines Muschelessen geben. Im Übrigen verabredete man sich zum gemeinsamen Besuch einer auswärtigen Theateraufführung und bildete schon jetzt dafür passende Fahrgemeinschaften. Eine im Ruhestand ganz gewöhnliche Woche ging damit zu Ende.

Drittes Kapitel

Kreuzfahrt

Wieder einmal war es soweit. Nach verschiedenen Kreuzfahrten, die Justus und Elfriede in den vergangenen Jahren unternommen hatten, stand nunmehr die lange geplante Mittelmeer-Kreuzfahrt an. Schon die bisherigen Fahrten, bei denen sie ihre Seetüchtigkeit hinlänglich testen konnten, waren faszinierend: Von Livorno aus über Malaga, Lissabon und La Coruna (mit Abstecher nach Santiago de Compostela) durch den stürmischen Golf von Biscaya und über die Kanalinseln und Le Havre bis zum Reiseziel Amsterdam, ein erstes Schiffahrtserlebnis »Rund um Westeuropa«; als Nächstes von Warnemünde aus über Gotland, Stockholm und Helsinki bis nach St. Petersburg und über Tallinn wieder zurück bis zum Ausgangshafen Warnemünde, eine beeindruckende Ostseereise mit »weißen Nächten«, klassizistischen Baudenkmälern und östlicher Folklore; schließlich von Bremerhaven aus an der Westküste Norwegens entlang über Kristiansund und Trollfjord zum Nordkap und zurück an den Lofoten vorbei über Geiranger und Bergen bis Bremerhaven, eine durch Mitternachtssonne, majestätische Wale und ebenso wilde wie romantische Fjorde geprägte Zauberwelt. Nun also die dreiwöchige Kreuzfahrt in den Süden mit dem Schwerpunkt östliches Mittelmeer.

Die Reisevorbereitungen waren inzwischen zur Routine geworden. Eine kleine Besonderheit bestand darin, dass Justus sich vor Antritt der Fahrt einen neuen dunkelblauen Anzug zulegte. Denn in den Reiseinformationen stand diesmal, dass an Bord eine tägliche Kleiderempfehlung (festlich, sportlich elegant oder leger)

43

gegeben werde und dass zu den vier festlichen Abenden für den Herrn ein dunkler Anzug oder Smoking, für die Dame ein Kostüm oder Cocktail-Kleid erwartet werde. Schon bald zeigte sich, dass für eine dreiwöchige Schiffsreise doch allerhand Gepäck zusammenkam und drei große Koffer schnell gefüllt waren. Um sich die Reise von vornherein angenehmer zu gestalten, nahmen Justus und Elfriede einen besonderen Gepäcktransportdienst (»Von Haus zu Haus«) in Anspruch, bei dem die Koffer schon einen Tag vor der Abreise in der Wohnung abgeholt werden und zugesichert wird, dass sie bei Ankunft an Bord bereits auf der Kabine stehen. So hatte man nur noch mit dem für die Anreise erforderlichen kleinen Handgepäck zu tun.

Die Busfahrt, bei der an verschiedenen Haltestellen weitere Mitreisende zustiegen, verlief reibungslos. Nach einem nächtlichen Zwischenaufenthalt in der Schweiz erreichte man am frühen Nachmittag des folgenden Tages die Handelsstadt Genua, den Abfahrtshafen für die Kreuzfahrt. Bis zur Einschiffung blieben noch zwei Stunden Zeit, um sich die Beine zu vertreten und einen Eindruck von dem wichtigsten Hafen Italiens zu verschaffen. Das blendend weiße Schiff, das mit seinen sechs Decks und seinen Aufbauten sofort ins Auge fiel, lag einladend an der Pier und sollte nun für drei Wochen das neue »Zuhause« sein. Mit Hilfe eines freundlichen Besatzungsmitglieds war, nachdem der Bordfotograf ein erstes Begrüßungsfoto geschossen hatte, die attraktive Kabine auf dem Bootsdeck schnell gefunden. Die Koffer waren eingetroffen; die Tischkarte für reservierte Plätze sowie anschauliches Informationsmaterial lagen bereit; leckere Begrüßungsüberraschungen in flüssiger und fester Form erfreuten die Hereinkommenden. Aus dem Tagesprogramm, das jeden Tag zusammen mit der Speisekarte in gedruckter Form erschien, war zu entnehmen, dass nach dem Abendessen im Restaurant noch sanfte

Klavierweisen in der Bar und Tanzmusik im Salon auf die Reisenden warteten. Um 20 Uhr hieß es dann »Leinen los!« Das Schiff nahm Kurs auf den westlichsten Punkt der Reise, die Inselgruppe der Balearen.

Mit der ersten Nachtruhe waren die etwas übermüdeten Eheleute Müller sehr zufrieden. Die als Suite großartig ausgestattete Kabine lag so, dass weder Motorengeräusche aus dem Maschinenraum noch sonstige Lärmbelästigungen die Ruhe stören konnten. Um 7 Uhr am Morgen schaltete sich automatisch der Bordfunk ein, brachte leise Musik zum Wecken und anschließend kurze Informationen zum bevorstehenden »Tag auf See«, verbunden mit Angaben zur Position des Schiffes, zur Wassertemperatur und zum Wetter sowie allgemein interessierende Nachrichten. Außerdem waren am frühen Morgen das ausgedruckte Tagesprogramm und die Bordzeitung unter der Kabinentür hindurch geschoben worden, so dass man sich schon in Ruhe überlegen konnte, von welchen Angeboten man Gebrauch machen wollte. Das Frühstück konnte im Restaurant (mit Bedienung) oder im Salon (mit Selbstbedienung) eingenommen werden. Heute blieben Justus und Elfriede im Restaurant, da ihr für die Hauptmahlzeiten dort reservierter Zweier-Tisch gerade frei war. An anderen Tagen suchten sie auch gerne den gemütlichen Salon auf, in dem man leicht geselligen Kontakt zu Mitreisenden fand.

Wie bei jeder Kreuzfahrt stand am ersten Tag auf See die unvermeidliche Seenotrettungsübung auf dem Programm, an der teilzunehmen alle Passagiere nach internationalem Seerecht verpflichtet sind. Bei Ertönen des Warnsignals klaubten Justus und Elfriede die Rettungswesten unter ihren Betten hervor, begaben sich zum Sammelplatz und halfen einander beim Anlegen der Westen. Prompt verhedderten sich die Gurte und genau in dem

Augenblick, als man ziemlich belämmert da stand, machte der Bordfotograf seine Aufnahme. Es wurde gelacht und gescherzt, zumal der Gebrauch der Trillerpfeife und des Warnblinklichts sowie das Ausschenken eines Begrüßungstrunks die Stimmung noch anheizte.

Nach Beendigung der Seenotrettungsübung machten Justus und Elfriede einen geführten Orientierungsspaziergang über das Schiff mit, hörten sich danach einen Informationsvortrag mit Lichtbildern über die kommenden Anlaufhäfen und Landausflüge an und faulenzten schließlich eine ganze Zeit lang im Liegestuhl auf dem Sonnendeck. Zum Kapitäns-Willkommensdinner am Abend mussten sie sich dann erstmals »in Schale werfen« und durften die Künste des Chefkochs bei einem ausgezeichneten 6-Gänge-Menü bewundern. Die Aufnahmen des Bordfotografen, die hier wie bei anderen Gelegenheiten entstanden, wurden jeweils am nächsten Tag in den Gängen der einzelnen Decks zur Bestellung ausgehängt. Der Abend klang zunächst mit Tanzmusik, bei deren Auswahl auch auf die älteren Teilnehmer Rücksicht genommen wurde, und danach noch bei einem »Absacker« im Pub gemütlich aus.

* * *

Palma de Mallorca, die Hauptstadt der größten Balearen-Insel, empfing die Reisenden mit strahlender Sonne. Ein erster Blick vom Hafen aus fiel sofort auf das weithin sichtbare Wahrzeichen der Stadt, die imposante Kathedrale La Seo. Justus erinnerte sich, was er bei dem gestrigen Lichtbildervortrag über Mallorca gehört hatte: Die 180 km östlich des spanischen Festlandes liegende Insel zeigt im Nordwesten eine bis zu 1445 m hohe Gebirgslandschaft und im Landesinneren weite Ebenen mit südlichen Gewächsen, unter anderem mit Mandel- und Feigenbäumen. Das beliebte Touristenziel bietet für jeden Geschmack etwas – vom einsamen Badestrand und herrlichen Wanderwegen bis hin zum Rummel eigener Art oder zu exklusiven Treffpunkten prominenter Persönlichkeiten. Als besonders sehenswert wurden außer der Kathedrale der stolze Almudaina-Palast, das Schloss Belver und die Jugendstilhäuser in der Altstadt von Palma genannt. Die in einer weiten Bucht im Süden der Insel gelegene Stadt ist für ihre mehr als 300 000 Einwohner sowohl regionaler Wirtschaftsschwerpunkt als auch beachtliches Kulturzentrum.

Von mehreren angebotenen Landausflügen hatten Justus und Elfriede die Busfahrt nach Valldemossa gewählt, eine beeindruckende Kleinstadt am Fuße eines mehr als 1000 m hohen Berges. Gerade diese Lage zwischen hohen Bergen in Verbindung mit den relativ kleinen Häusern und verwinkelten Gassen ließen den Ort wie eine kleine Zauberwelt erscheinen. Besondere Sehenswürdigkeit aber war das große Karthäuserkloster, von dem berichtet wurde, hier habe der berühmte Fryderyk Chopin eine Zeit lang gelebt und auch komponiert. Auf dieser Fahrt lernte Justus einen in der Altenpflege tätigen Mitreisenden namens Klein näher kennen, der ihm erzählte, er habe als junger Mann an sich in den als besonders streng bekannten Karthäuserorden eintreten wollen, habe den Plan aber, nachdem er seine Frau kennengelernt habe, schnell wieder aufgegeben. Seine einzige Verbindung zu diesem Orden sei jetzt noch sein Namenspatron Bruno, der den Orden gegründet habe. Als sich herausstellte, dass auch Herr Klein gerne Schach spielte, wurde ein baldiges Treffen an Bord vereinbart. Elfriede hatte inzwischen noch ein nettes Mitbringsel erstanden und ab ging die Fahrt zurück zum Schiff, wo in der Lounge zur Tee- und Kaffeestunde ein leckeres Kuchenbüfett auf die Ausflügler wartete. Anschließend lockte wieder der erholsame Liege-stuhl und leitete für die müden »Wanderer« einen ruhigen Abend ein.

Nächstes Ziel war die Nachbarinsel Menorca, eine wesentlich kleinere, aber immerhin noch die zweitgrößte Insel der Balearen; diese ist übrigens von Mallorca aus auch mit einer Schnellfähre, die ca. 75 Minuten braucht, zu erreichen. Hiervon brauchten die Kreuzfahrt-Teilnehmer aber keinen Gebrauch zu machen. Viel-mehr verließ ihr Schiff mitten in der Nacht den Hafen von Palma de Mallorca und steuerte – mit östlichem Kurs – nun als zweites Ziel die Nachbarinsel an. Als Gabi, der ebenso musikalische wie fröhliche Weckerdienst, sich am nächsten Morgen meldete und allen Hörern einen guten Tag wünschte, richtete sich Elfriede auf und fragte:»Machst du denn heute mal beim Frühsport mit?« Justus wirkte noch recht verschlafen, drehte sich gähnend auf die andere Seite und brummelte vor sich hin:»Ich hatte mir eigent-lich vorgenommen, noch vor dem Frühstück mein Reisetagebuch für gestern nachzutragen. Tu mir den Gefallen und geh allein zum Frühsport.« Gesagt, getan. Elfriede sprang unternehmenslustig auf, sah aus dem Fenster und rief:»Wir sind schon im Hafen!«. Tatsächlich hatte das Schiff bereits vor einer Stunde an der Pier von Mahon (katalanisch Mao), der im Osten der Insel liegenden Hauptstadt von Menorca, festgemacht.

Schon beim Frühstück wurde über Lautsprecher bekannt gege-ben, dass die Behörden das Schiff freigegeben hätten und der Landausflug pünktlich beginnen könne. Geplant war ein kurzer Stadtbummel durch Mahon und eine anschließende Rundfahrt über die Insel. Hierbei erfuhren die Kreuzfahrt-Teilnehmer, dass Mahon 23 000 Einwohner habe, den Kriegs- und Handelshafen der Insel beherberge und der Majonäse, der allbekannten dicken

Soße aus Eigelb, Öl und Gewürzen, ihren Namen gegeben habe. Der Bus fuhr nun zunächst zum Monte Toro, dem mit 357 m höchsten Berg der Insel, von dem aus man einen herrlichen Weitblick hatte, weiter nach Fornells, einem kleinen malerischen Fischerort an der Nordküste. Es lohnte sich, diesen hübschen und verschlafenen Ort, von dem eine ruhige Zufriedenheit ausging, zu besichtigen. Dann ging es wieder südlich durch das leicht hügelige, von Landwirtschaft geprägte Zentrum der Insel. Dabei fiel den aufmerksamen Reisenden auf, dass Menorca ebenso wie Mallorca eine subtropische Vegetation aufweist, andererseits aber durch große Getreidefelder und ausgedehnte Weiden mit Kühen und Pferden eine nicht erwartete Besonderheit bietet. Der Landgang endete mit der Besichtigung der »Talayots« (kegelförmige, bis zu drei Etagen hohe Steintürme) und der im typisch maurischen Stil erbauten Siedlung Binibeza.

Bei der Rückkehr sah man schon von weitem das schneeweiße Kreuzfahrtschiff in seiner ganz eigenen klassischen Eleganz am Pier liegen. Aus einer temperamentvollen Mitreisenden sprudelte es unvermittelt heraus: »Jetzt sind wir wieder daheim.« Tatsächlich spürte man nach all den Eindrücken des Landausflugs, die man noch verarbeiten musste, beim Betreten des Schiffes eine gewisse heimatliche Vertrautheit. In der eigenen Kabine fühlte man sich ohnehin inzwischen wie zu Hause und fand sich bei allen Verrichtungen selbst im Dunkeln zurecht. Noch ein kurzer Blick in die Mini-Bar, die der Zimmersteward aufgefüllt hatte, und die Nachtruhe konnte beginnen. Morgen lachte wieder ein »freier Tag«.

Ein Tag auf See, wie er nun wieder anstand, hat in Bestimmung und Durchführung die verschiedensten Facetten. Einerseits bietet er sich an zur Rückschau auf das Erlebte, zum ruhigen Nachsinnen über Gott und die Welt und zur Vorschau auf die kommenden Ereignisse. Andererseits dient er in vorzüglicher Weise der Entspannung und dem Sich-verwöhnen-lassen, der Beteiligung an Spiel und Sport und der Kontaktaufnahme zu anderen Mitreisenden. Der individuellen Tagesgestaltung sind kaum Grenzen gesetzt. Justus komplettierte sein Reisetagebuch und spielte danach in der Bordbücherei eine spannende Partie Schach mit Herrn Klein. Elfriede entschied sich für Tischtennis und Shuffleboard und verabredete sich für den Nachmittag zu einer Doppelkopfrunde. Außerdem gingen beide gemeinsam zu der im Tagesprogramm angekündigten Informationsveranstaltung, einem Diavortrag über die nächsten Anlauf-Ziele Korsika und Sardinien, lagen lesend oder dösend stundenlang im Liegestuhl und ließen sich von früh bis spät mit kulinarischen Genüssen und kleinen Aufmerksamkeiten köstlich bewirten. Elfriede meinte am Abend:»So ein Tag wie heute, da kann man sich nur pudelwohl fühlen.«

* * *

Nach einer Nachtfahrt in nordöstlicher Richtung erreichte das Schiff gegen Mittag des nächsten Tages den Hafen von Ajaccio, der Hauptstadt der französischen Insel Korsika und dem Geburtsort Napoleons (im Jahre 1769). Damals wurde die früher von Genua beherrschte Insel – nach wiederholtem Aufstand der Korsen – an Frankreich verkauft. Charakteristisch für Korsika ist die wilde Gebirgslandschaft, die im Monte Cinto eine Höhe von 2710 m erreicht und an der Nord- und Westküste steil zum Meer abfällt. Die Ostküste dagegen ist flach und milde. Neben Wein-, Obst- und Gemüseanbau wird die Edelkastanie als wichtigste Anbaupflanze genannt.

Während sich Julius und Elfriede dieses durch die Reiseleitung wieder aufgefrischte Schulwissen durch den Kopf gehen ließen, startete der Bus bereits zu dem heute halbtägigen Landausflug. Eine kurze Orientierungsfahrt durch Ajaccio führte die Reisenden zunächst zu dem auf einer Anhöhe stehenden Denkmal mit einer weithin sichtbaren Statue Napoleons. Justus ließ es sich nicht nehmen, die vielen Stufen bis zum Denkmal hinauf zu klettern, das Denkmal zu umrunden und von oben den Place d'Austerlitz in Augenschein zu nehmen. Die weitere Fahrt ging dann durch eine Bergwelt mit wilden Schluchten, rauschenden Bächen und steil abfallenden Serpentinenstraßen, die Elfriede zu der ängstlichen Bemerkung veranlassten, sie könne nicht mehr weiter aus dem Fenster sehen. Justus hielt ihre Hand und dachte im Stillen an Karl Mays Buch »Durchs wilde Kurdistan«. Nach der Durchquerung der wilden Schlucht von Prunelli wurde ein Zwischenstopp am künstlichen Tolla-See eingelegt. Hier gab es eine vorbereitete Wegzehrung und einen großartigen Blick auf den Golf von Ajaccio. Die Rückfahrt führte schließlich, um auch eine andere Seite von Korsika kennenzulernen, durch ausgedehnte Wälder und malerische Dörfer. Ein wildromantischer Tag ging damit zu Ende.

Nur ein »kleiner Sprung« für das Schiff war es am nächsten Tag bis zur südlich von Korsika gelegenen italienischen Insel Sardinien. Die gegenüber Korsika dreimal so große Insel mit der Hauptstadt Cagliari hat rund 1,6 Mio Einwohner (Sarden) und im Nordosten der Insel den Hafen Olbia. Hier legte das Kreuzfahrtschiff am frühen Morgen an, so dass der ganze Tag für die Erkundung der Insel zur Verfügung stand. Da das Stadtzentrum von Olbia nur zwei Kilometer vom Hafen entfernt liegt, hatten sich mehrere Reisende für einen Landgang zu Fuß entschieden. Justus und Elfriede hatten jedoch den Busausflug »Costa Smeralda« vorgezogen und gaben sich deshalb mit den kurzen Ortshinweisen im schriftlichen Tagesprogramm zufrieden. Danach war Olbia mit seinen ca. 37 000 Einwohnern und der Piazza Margherita als Ortszentrum verkehrstechnisch die Drehscheibe der Insel. Als wichtigste Sehenswürdigkeit wurde die aus dem 12. Jahrhundert stammende Kirche San Simplico genannt, ein harmonischer Granitbau im pisanischen Stil, in dessen Mauer noch die Meilensteine der alten Römerstraße zu erkennen sind.

Der von Justus und Elfriede gewählte Busausflug war die reinste Panoramafahrt entlang der Costa Smeralda, einem bezaubernden Küstenabschnitt mit bildschönen Sandstränden und Buchten mit grünlich schimmerndem Wasser (daher der Name Smaragdküste). An gewaltigen Granitfelsen vorbei ging es über Baia Sardinia (im Nordwesten) nach Porto Cervo (im Nordosten), einem anheimelnden Ort, in dem eine längere Besichtigungspause eingelegt wurde. Hier erzählte der als Reiseleiter fungierende Sarde, der ein ausgezeichnetes Deutsch sprach, von der wechselvollen Geschichte Sardiniens seit der ersten Besiedelung durch die Phönizier, von den lagebedingten Besonderheiten der Insel (so etwa, dass Ackerbau oft nur mit künstlicher Bewässerung möglich sei) und von den wirtschaftlichen Schwerpunkten (Fischerei, Schafzucht, Erzvorkommen und Fremdenverkehr). Auf der Rückfahrt zum Schiff wurden an einigen landschaftlich besonders reizvollen Stellen Fotostopps eingelegt.

An Bord zurück machte Justus nach einer gemeinsamen musikalischen Kaffeezeit eine Brückenführung mit, während Elfriede sich versuchsweise an dem Kreuzfahrerlotto »Bingo!« beteiligte und auch Erfolg hatte. In der abendlichen Unterhaltungsschau erklangen dann beschwingte und romantische Melodien aus dem Musical »My Fair Lady« sowie andere Broadway-Melodien. Zur Nacht schließlich wurden kleine Spezialitäten am Außenpool gereicht. Als das Schiff ablegte, eilten die Gedanken schon voraus zu der ziemlich weiten Seestrecke, die in der Nacht und am morgigen Vormittag von Sardinien aus an Sizilien vorbei bis zur Mittelmeer-Insel Malta zu bewältigen war. Während des Einschlafens dachte Justus daran, dass der Kapitän und seine Mannschaft in Wechselschicht ja auch nachts ihren Dienst versehen, während sich der Kreuzfahrt-Teilnehmer wohlbehütet zu einem geruhsamen Schlaf in Morpheus' Arme fallen lässt.

* * *

Gegen Mittag erreichte das Schiff die Südspitze des selbständigen Inselstaates Malta und setzte die Fahrt entlang der Küste bis nach Valetta, der Hauptstadt der Insel, fort. Das 316 qkm große Malta hat 350 000 Einwohner (Malteser) und ist – nach einer in vielen Jahrhunderten wechselvollen Geschichte – seit 1974 Republik. Da die »Blaue Grotte« an diesem Tage nicht zu befahren war, nahmen Justus und Elfriede an einem geführten Stadtrundgang teil. Valetta liegt auf einem Hügel und hat in der Altstadt viele kleine verwinkelte Gassen. Ohne Führung würde man sich hier als Fremder sicher leicht verlaufen. Der einheimische Reiseführer wies auf jede Sehenswürdigkeit hin und machte auch ansonsten seine Sache recht gut; allerdings hatte er einen etwas zu schnellen Schritt, so dass sich die Gruppe häufig weit auseinanderzog und gehbehinderte Teilnehmer mehrfach den Anschluss verloren. Elfriede arbeitete sich bis nach vorne durch und bat, entsprechende Rücksicht zu nehmen. Danach gestaltete sich der Rundgang dann doch noch auch für die älteren Fußgänger zu einem angenehmen Bummel.

Für den Nachmittag wurde eine Besichtigung des prähistorischen Tempels und ein Besuch der Malta Experience empfohlen, einer Multivisionsschau in der St. Lazerus Bastion, die die Geschichte Maltas nachzeichnete von der Steinzeit bis zum Tag der Unabhängigkeit. Als besondere Erwerbszweige wurden unter anderem Klöppel- und Filigranarbeiten genannt. Zur Witterung erfuhr man, dass in der gesamten maltesischen Inselgruppe die Sommer besonders heiß und trocken, die Winter mild und feucht sind.

Zurück an Bord fanden Justus und Elfriede in ihrer Kabine eine persönliche Einladung des Kapitäns vor, der – wie es darin hieß – sich freuen würde, die Eheleute Müller um 20 Uhr im Pub zum Cocktail begrüßen zu dürfen. Da man sich von einer früheren Fahrt her kannte und beiderseits viel zu erzählen hatte, wurde der Abend zu einem ebenso geselligen wie informativen Erlebnis. Auch für die bevorstehende Weiterfahrt ins östliche Mittelmeer gab der Kapitän wertvolle Hinweise.

Diese Reise ins östliche Mittelmeer, die mit einem Besuch der Insel Kreta beginnen sollte, war der Teil der Kreuzfahrt, auf den sich Justus am meisten gefreut hatte. Schon jetzt tauchten Erinnerungen aus der Schulzeit auf, wo im Griechisch- und im Geschichtsunterricht die klassische Welt der Hellenen einen breiten Raum einnahm. Immer hatte Justus den Wunsch mit sich herum getragen, einmal das, was ihm bisher nur aus Büchern und dem Unterricht bekannt war, an Ort und Stelle nachempfinden zu können. Jetzt endlich sollte es Wirklichkeit werden.

Das Schiff machte am frühen Morgen an der Pier von Heraklion (neugriechisch: Iraklion) fest, dem Hafen und Hauptort der griechischen Insel Kreta. Die Kreuzfahrt-Teilnehmer betraten mit einer gewissen andachtsvollen Spannung den so geschichtsträchtigen Boden. Der Bus stand bereit und der gebuchte Ausflug nach Knossos konnte beginnen. Knossos war im Altertum der Herrschersitz des sagenhaften Königs Minos. Die von dem Engländer Evans zu Anfang des 20. Jahrhunderts ausgegrabene Palastanlage gilt als weltberühmtes Zeugnis minoischer Kultur. Die mit der unübersichtlichen Vielzahl ihrer Räume verwirrende Anlage lässt das wahre Ausmaß des damaligen Palastungetüms nur erahnen und war wohl Vorbild des Labyrinths in der griechischen Sage.

Als die Reisenden aus dem Bus stiegen, sahen sie zunächst nur ein weitläufiges, etwas trostlos wirkendes Gelände, auf dem verwilderte Hunde herumliefen und vereinzelte Besuchergruppen unterwegs waren. Erst allmählich und unter sachkundiger Führung erschlossen sich die Ruinenreste der im Laufe ihrer Geschichte mehrfach zerstörten und wieder aufgebauten Palastanlage dem staunenden Betrachter. Ob man den von prächtigen Greifvögeln bewachten steinernen Thron sah, die königlichen Gemächer, die verwinkelten Korridore, die Lichthöfe oder die flachstufigen, breiten Treppen – alles war verwirrend und faszinierend zugleich. Mit leisem Schaudern dachte Justus daran, dass nach der griechischen Sage Theseus, der spätere König von Athen, hier im Labyrinth den Minotaurus, das Ungeheuer aus Menschenleib und Stierkopf, tötete und mit Hilfe von Ariadnes abgespultem Zwirnsfaden die unheimlichen Höhlengänge wieder verlassen konnte.

Auf der Rückfahrt von Knossos nach Heraklion wurde den Reisenden noch die Besiedelung Kretas seit der Jungsteinzeit, die Entfaltung der minoischen Kultur und die Entwicklung Kretas zum wirtschaftlichen und kulturellen Mittelpunkt der bronzezeitlichen Kultur des östlichen Mittelmeeres (auch ägäische Kultur genannt) nahe gebracht. Dies wiederum war gleichzeitig die Einführung für den anschließenden Besuch des archäologischen Museums, das die bedeutendste Sammlung minoischer Kultur besitzt. Hier wird dem Betrachter mit zahlreichen Fresken, bemalten Vasen, edlem Goldschmuck und lebensgroßen Statuen ein lebendiges Bild von Aussehen, Lebensstil und religiösen Ritualen der Minoer vermittelt.

Beglückt und von den vielen Eindrücken geradezu ergriffen suchten Justus und Elfriede nun ihr zweites »Zuhause« wieder auf und erfuhren an Bord, dass es schon in einer Stunde heißen würde »Leinen los!«, um Kurs auf Beirut/Libanon zu nehmen. Bis dahin war eine Strecke von 523 Seemeilen (= 969 km) zurückzulegen, der morgige Tag also wieder ein »Tag auf See«.

* * *

Das Angebot an Freizeitbeschäftigungen war an diesem Tage wieder reichlich. Vom Frühschoppen am Außenpool mit diversen Spezialitäten bis zur Abendgymnastik auf dem Sportdeck war für jeden etwas dabei. Es hieß nur, die richtige Auswahl zu treffen: Gottesdienst mit dem Bordpfarrer; Diabetesvortrag vom Bordarzt; Modenschau der Bordboutiquen; Kochvorführung des Küchenchefs; Klavierträumereien mit dem Bordpianisten. Justus und Elfriede machten, da eine Tanzlehrerin an Bord war, gerne eine Stunde »Auffrischungskurs für Senioren« mit und merkten zu ihrer Freude, dass sie noch nicht alles verlernt hatten. Im Übrigen besuchten sie einen Diavortrag zur Vorbereitung auf die weiteren Landgänge und verbrachten manche erholsame Stunde im Liegestuhl auf dem Sonnendeck. Bei völliger Windstille und klarblauem Himmel spürten sie auf angenehme Weise nur etwas Fahrtwind auf der Haut und genossen den Blick über die flimmernde und doch beruhigende Weite des Meeres in vollen Zügen. Elfriede sagte auf einmal: »Weißt du eigentlich, dass wir jetzt schon mehr als die Hälfte der Reise hinter uns haben?!« Justus rechnete kurz nach und gab ihr recht. »Man sollte es«, sagte er, »nicht glauben, wie schnell die Zeit vergangen ist. Jetzt fangen wir schon wieder an, die letzten Tage zu zählen.« Noch einmal unterbrach Elfriede das stille Nachsinnen. »Der Tipp der Tanzlehrerin, durch koordinierte Bewegung Körper und Geist fit zu halten, war übrigens gut. Wir sollten uns zu Hause tatsächlich überlegen, ob wir nicht einen Tanzkursus für Senioren mitmachen.« Justus war zwar nicht begeistert, erklärte sich aber letztlich einverstanden.

Am Abend gab es nach dem Gala-Dinner einen »Bunten Abend« mit allen an Bord mitreisenden Künstlern sowie einen gemütlichen Absacker im Pub. Elfriede war bester Stimmung und sagte: »Diesen schönen Tag werde ich mit Sicherheit nicht vergessen.« Justus ergänzte, dann stehe der Spruch von Jean Paul im heutigen Tagesprogramm ja an der richtigen Stelle: »Das einzige Paradies, aus dem uns keiner vertreiben kann, sind die Erinnerungen.«

In der Nacht wurde die See bei einer Windstärke von 7 bis 8 mehr als unruhig. »Durcheinander laufende Dünung« und eine Wellenhöhe bis zu 6 m trieb, wie ein Steward am nächsten Morgen berichtete, viele Reisende aus ihren Kabinen. Auch Justus und Elfriede konnten zeitweise nicht schlafen, waren aber seetüchtig genug, das Unwetter ohne Unwohlsein zu überstehen. Kurz nach Sonnenaufgang machte das Schiff an der Pier von Beirut fest, Hauptstadt und Haupthafen des kleinen vorderasiatischen Staates Libanon.

Während die einzelnen Gruppen sich auf die verschiedenen Landgänge vorbereiteten und auf die Freigabe des Schiffes durch die Behörden warteten, hatte jeder Gelegenheit, die am Vortage gehörten Informationen nochmals Revue passieren zu lassen:

Der Libanon war früher als »Schweiz des Nahen Ostens« eines der beliebtesten Reiseziele im Vorderen Orient. Seit 1975 hatte jedoch der Bürgerkrieg das Land stark mitgenommen. So wurde unter anderem die Innenstadt von Beirut stark zerstört. Auch die Wirtschaft des Landes musste durch den langjährigen Bürgerkrieg, in dem sich christliche Milizen einerseits und linke Moslems und Palästinenser andererseits bekämpften, schwer leiden. Reizvoll ist nach wie vor die Vielfalt der Landschaften, so das über 3000 m hohe Libanon-Gebirge, die Küstenebene mit Flaniermeile und Bademöglichkeiten sowie im Osten die bis zu 1150 m hohe Bekaa-Ebene.

Justus und Elfriede hatten sich für den Landausflug nach Byblos entschieden. Bei Verlassen des Schiffes erhielt jeder – offenbar auf Anordnung der Behörde – eine gestempelte Reisepass-Kopie und einen gestempelten libanesischen Landgangsausweis. Eine weitere Besonderheit, die zunächst Erstaunen erweckte: Auf dem Weg zum Bus standen rechts und links spalierartig bewaffnete Soldaten. Den etwas irritierten Ausflugteilnehmern wurde erklärt, dies geschehe nur zu ihrem eigenen Schutze.

Byblos, das nördlich von Beirut gelegene Ziel des Ausflugs, ist eine der ältesten Städte der Welt, war die wirtschaftliche und religiöse Hauptstadt der phönizischen Küste und gab der Bibel ihren Namen. Die Ruinen von Byblos, zu denen die römischen Hafenanlagen und die Ausgrabungen von der Steinzeit bis zu den Kreuzzügen, insbesondere auch die hoch gelegene Kreuzfahrerburg zählen, gehören zum Weltkulturerbe. Nach der recht anstrengenden Besichtigungstour wartete im alten Teil der Stadt ein gemütliches Cafe auf die Reisegruppe. Bilder der Sehenswürdigkeiten gab es an vielen Stellen des Ortes zu erwerben. Auf der Rückfahrt zum Schiff schilderte die einheimische Reiseführerin mit etwas befangener Stimme viele Einzelheiten vom Schicksal ihres arg gebeutelten Landes und fand dabei nachdenkliche Zuhörer voller Anteilnahme.

* * *

Den Ortsnamen Kusadasi hatte Justus zum ersten Mal gehört, als ihm die Unterlagen für die Mittelmeer-Kreuzfahrt zugesandt worden waren. Nach einigem Suchen im Atlas hatte er die Kleinstadt an der türkischen Ägäis gefunden, einen Ort, der knapp 1000 km vom Libanon entfernt liegt und nun das nächste Anlaufziel für das Kreuzfahrtschiff sein sollte. Auf der langen Fahrt dorthin hatte sich Justus mit den Informationsunterlagen näher beschäftigt und folgendes herausgefunden:

Kusadasi, ein wenig ansehnlicher türkischer Hafenort, wird nicht um seiner Selbst willen angefahren, sondern als Durchgangsort zu mehreren attraktiven historischen Stätten, die etwas von der Küste entfernt liegen. Zwar hat Kusadasi (wörtlich: Vogelinsel) neben mehreren Stränden, Geschäften, Basaren und einer durchaus abwechslungsreichen Landschaft auch den größten Yachthafen der Ägäis anzubieten. Aber die vielen hundert Kreuzfahrtschiffe, die jährlich hier anlanden, haben als eigentliches Ziel anderes im Sinn, so insbesondere die in der Antike bedeutsame Handelsstadt Ephesos, die aus der römisch-byzantinischen Zeit eine beeindruckende Ruinenvielfalt hinterlassen hat. Den Ausflug dorthin machten auch Justus und Elfriede mit. Sie besichtigten den als Weltwunder bekannten Tempel der Artemis, die imposante Fassade des Hadriantempels und die mit einer für die damalige Zeit verblüffenden Lüftung versehene Celsus-Bibliothek. Dabei gingen sie über die Prunkstraße Arkadiane und die am Theater vorbeiführende Marmorstraße und nahmen dann auf den oberen Plätzen des berühmten Theaters Platz, in dem seinerzeit auch Paulus predigte und das als spektakulärstes Bauwerk der Ruinenstadt angesehen wird. Durch den örtlichen Reiseleiter und seine Begleitung wurde den Kreuzfahrern die besondere Akustik des Theaters, das damals 25 000 Menschen Platz bot, hörgerecht vorgeführt.

Da das Schiff nur sechs Stunden in Kusadasi vor Anker liegen konnte, war die Besichtigungszeit leider etwas knapp bemessen. Der Bus musste deshalb, obwohl noch manche weitere Sehenswürdigkeit gereizt hätte, alsbald zum Hafen zurückfahren. Zum Trost dafür gab es heute an Bord wieder einmal ein Gala-Menü und anschließend eine von den Mitgliedern der Besatzung dargebotene, sehr unterhaltsame »Crew Show.«

Nächstes Ziel war – ein krasser Gegensatz zum kleinen Kusadasi – die mit über 6 Millionen Einwohnern größte Stadt der Türkei: Istanbul, das bis 1930 Konstantinopel und im Altertum Byzanz hieß. Es kann nicht Gegenstand einer kurzen Kreuzfahrt-Erzählung sein, die umfangreiche und wechselvolle Geschichte der Türkei von der Gründung des Osmanischen Reiches durch den Sultan Osman I. im 14. Jahrhundert bis zur modernen Staatsgründung durch Kemal Atatürk im Jahre 1923 wiederzugeben. Immerhin hatte die Reiseleitung dafür gesorgt, dass hinreichende Einzelheiten dieser Geschichte sowohl in einem Sonderheft, das dem Tagesprogramm beigefügt war, als auch durch einen sachkundigen Vortrag allen Interessenten angeboten wurde.

Nach einer Fahrt durch die Dardanellen, die eine Verbindung zwischen dem Mittelmeer und dem Marmarameer herstellen, machte das Schiff gegen Mittag des nächsten Tages an der Pier von Istanbul, dem an der südlichen Einmündung des Bosporus gelegenen Haupthafen der Türkei, fest. Der Bosporus ist gleichzeitig die Trennlinie zwischen dem europäischen und dem asiatischen Teil von Istanbul; über ihn führt eine 1,5 km lange, viel befahrene Hängebrücke.

Vor Betreten der Gangway wurden den Passagieren verschiedene Ratschläge mit auf den Weg gegeben: Moscheen dürften nicht mit kurzen Hosen oder schulterfreien Kleidern betreten werden; auch seien Strümpfe erforderlich, da die Schuhe vorher ausgezogen werden müssten. Wertsachen sollten an Bord bleiben und auf Handtaschen und Fotoapparate immer sorgfältig geachtet werden. Bei Benutzung eines Taxis solle der Preis vorher ausgehandelt und beim Einkauf im Bazar in jedem Falle gefeilscht werden.

Bei dem geführten Landgang lernten die Kreuzfahrer die bekanntesten Sehenswürdigkeiten von Istanbul kennen, Die Fahrt ging vom Galata-Kai über die dortige Brücke durch die Stadt und wurde dann mit kleinen Erholungspausen als Fußmarsch fortgesetzt. Erstes Besichtigungsziel war die weltbekannte Hagia Sophia, Istanbuls markantestes Bauwerk. Die im Jahre 325 auf den Überresten eines Tempels hochgezogene, später niedergebrannte und wieder aufgebaute Kirche wurde 1453 in eine Moschee verwandelt und ist seit 1935 ein Museum mit besonderem Charakter, in dem christliche und moslemische Relikte zu finden sind. Nächste Stationen zur Besichtigung waren die blaue Moschee, die ihren Namen von den dort verarbeiteten azurblauen Kacheln hat, das Hippodrom und die Süleyman-Moschee. Überall, wo man mit

Einheimischen zusammentraf, war die Begegnung ausgesprochen freundlich.

Nach den offiziellen Besichtigungen löste sich die Gruppe auf und jeder ging auf eigene Erkundungstour. Justus und Elfriede schlenderten staunend durch den Großen Bazar, verhandelten eine ganze Zeit lang vergeblich über den Ankauf einer Goldkette und begnügten sich letztlich mit dem Kauf einiger kleiner Mitbringsel. Als sie müde gelaufen wieder am Hafen anlangten und ihr Schiff in seiner klassischen Eleganz dort liegen sahen, spürten sie in ganz besonderem Maße das wohlige Gefühl heimatlicher Geborgenheit. Am Abend fand dann das angekündigte Kostümfest statt, bei dem die originellsten Kostüme (eine Haremsdame und ein Seeteufel) prämiert wurden.

* * *

Mit Spannung wartete Justus auf den für den folgenden Tag vorgesehenen weiteren Höhepunkt der Kreuzfahrt: Besuch der griechischen Hauptstadt Athen mit ihrem sagenhaften Wahrzeichen, der Akropolis. Nun war er so alt geworden und sollte endlich das Symbol antiker Größe sehen, das geheimnisvoll über jeder Schulstunde in Griechisch geschwebt und von dem die Schulzeitung seines altsprachlichen Gymnasiums ihren Namen hatte. Aber eins nach dem anderen.

Gegen Mittag legte das Schiff nach einer wiederum langen Seestrecke von 674 km an der Pier von Piräus an, der Hafenstadt von Athen. Durch Piräus ist das nördlich etwas landwärts gelegene Athen auf dem Schifffahrtswege mit den vielen eigenen Inseln und den anderen Hafenstädten des Mittelmeeres verbunden, und zwar schon seit dem Perikleischen Zeitalter. Als älteste Großstadt Europas hat das inzwischen mit Piräus zusammengewachsene Athen, das von Bergen umgeben inmitten der attischen Ebene liegt, eine ebenso lange wie wechselvolle Geschichte, die für die gesamte abendländische Kultur mit prägend war. Erinnert sei nur daran, dass Athen im Altertum neben Sparta der bedeutendste Stadtstaat war und bereits eine demokratische Regierungsform entwickelt hatte. Heute ist Athen der Mittelpunkt des politischen, wirtschaftlichen und geistigen Lebens Griechenlands.

Als Landgang lockte der Ausflug »Stadtrundfahrt mit Akropolis und Museum«. Hierfür hatten sich Justus und Elfriede angemeldet. Die Busfahrt führte sofort zu der schon von weitem sichtbaren Akropolis (griechisch: »Oberstadt«), die auf einem 156 m hohen Kalksteinplateau thront und das gesamte Stadtbild Athens überragt. Über einen mehrfach gekrümmten Anstiegsweg und eine breite Freitreppe erreichte die Gruppe das Plateau mit den verschiedenen, allesamt berühmten Ruinenbauten: Tor und Festungswerke der Propyläen (als Dreiflügelbau), Nike-Tempel im ionischen Stil (zu Ehren der griechischen Göttin des Sieges), Erechtheion mit Kopien der berühmten Koren (Säulen in Gestalt von Mädchen; jetzt im Museum), Parthenon (Tempel der Göttin Athene). Die Gruppe hatte sich aufgelöst und jeder sah sich auf dem großen Ruinengelände hier und dort das ihn Interessierende an. Justus fand neben dem Parthenon einen ruhigen Platz und ließ die verschiedensten Erinnerungen aus dem klassischen Altertum, zu denen auch die geheimnisvolle Welt der griechischen Mythologie gehörte, an sich vorbeiziehen. Als Elfriede hinzukam, kletterten sie gemeinsam auf eine etwas erhöhte Stelle und genossen den bei klarem Wetter herrlichen Ausblick auf die zu drei Seiten hin liegenden Berge. Allerdings waren die fernen Berge des Peloponnes kaum zu erkennen.

Es folgten eine Besichtigung des Akropolis-Museums und eine Fortsetzung der Stadtrundfahrt, vorbei am Hadriansbogen und Syntagmaplatz bis hin zum alten Königsschloss. Dort konnten die Reisenden die täglich stattfindende Wachablösung beobachten. Die Rückfahrt wurde mit einem nochmaligen Höhepunkt beendet, dem Besuch des Nationalmuseums. Dessen wertvolle Exponate sahen sich Justus und Elfriede trotz beginnender Müdigkeit mit großem Interesse an und stellten fest, dass die Sammlung dem Besucher die griechische Kunst und Kultur mit einer Vielzahl seltener Stücke erstaunlich gut näher bringt.

Als das Schiff bei untergehender Sonne den Hafen von Piräus verließ, schaute Justus bei leiser Musik und etwas wehmütig gestimmt noch einmal zurück und dankte im Stillen für alles das, was er heute hatte erleben dürfen. Die Bordband spielte zum Auslaufen des Schiffes auf dem Außendeck und leitete damit das Abendprogramm ein, das aus Abendessen, Wunschkonzert und Spätimbiss bestand. Auf der neuen, mehr als 500 km langen Strecke mit dem Ziel Dubrovnik wurde der Peloponnes umfahren und – an zahlreichen kleinen griechischen Inseln vorbei – zunächst das Ionische Meer und dann als letztes großes Gewässer auf dieser Reise das Adriatische Meer erreicht.

* * *

Dem Reiseprogramm entsprechend und pünktlich wie gewohnt erreichte das Schiff am frühen Morgen des übernächsten Tages Dubrovnik, die auch als Kurort beliebte Hafenstadt in Kroatien. Die im 7. Jahrhundert von Slawen gegründete Stadt an der Adria stand in der Folgezeit nacheinander unter byzantinischer, venezianischer, ungarischer und türkischer Oberhoheit, gehörte seit 1815 zu Österreich und seit 1918 zu Kroatien. Heute ist Dubrovnik – nachdem kriegsbedingte Zerstörungen aus dem jugoslawischen Bürgerkrieg von 1991/1992 weithin beseitigt worden sind – mit über 50 000 Einwohnern eine gern besuchte Stadt des Handels, der Industrie und des Tourismus.

Eine Fülle von Sehenswürdigkeiten erschließt sich dem Besucher, insbesondere bei einem Rundgang durch die von einer Befestigungsmauer umgebene und von jedem motorisierten Verkehr freigehaltene Altstadt, die übrigens zum Weltkulturerbe zählt. Justus und Elfriede begannen ihren Rundgang damit, dass sie – nach Eintritt durch das Pile-Tor und bequem über eine kleine Treppe – auf die bis zu 6 m dicke Stadtmauer stiegen, langsam die Altstadt umrundeten und von der hohen Mauer aus den faszinierenden Blick auf die alten Bauten und das Meer genossen. Die knapp 2 km lange Mauer ist ein wesentlicher Teil des Befestigungswerkes, das außerdem zahlreiche Türme, Bastionen und Ecktürme aufzuweisen hat. Den besten Rundblick bietet der hohe Minceta-Turm.

Im Anschluss an das Mauererlebnis traf sich die Reisegruppe wie verabredet unten auf der Placa, eine die ganze Altstadt durchquerende Straße, die vom Pile-Tor aus bis zu dem an ihrem Ende liegenden Sponzapalast völlig gerade verläuft. Unter sachkundiger Führung wurden nunmehr das Franziskanerkloster, der große Onotrio-Brunnen, die Roland-Säule und die Kathedrale mit Schatzkammer besichtigt. Für sich allein suchten Justus und Elfriede anschließend noch die berühmte alte Klosterapotheke auf, machten einen Spaziergang am Sporthafen entlang und ruhten sich in einem gemütlichen Cafe aus, das etwas abseits in einer kleinen Nebenstraße lag. Dann ging es mit dem Bus zurück zum Hafen, wo das Schiff am Nachmittag mit Kurs auf Venedig, dem etwa 600 km entfernten Endziel der Kreuzfahrt, auslief.

Alles, was das heutige Programm noch vorsah, hatte irgendwie mit Abschied zu tun. Zunächst bat der Kapitän die Gäste zu einem Abschieds-Cocktail in den Salon. Im Anschluss daran wurde der mit Musik und Informationen unterlegte Videofilm vorgeführt, der durch eifrige Tätigkeit des Bordfotografen auf der Reise entstanden war und von dem auch Justus ein Exemplar bestellte. Es folgte das Kapitäns-Dinner mit wiederum sechs Gängen und dem bei Kreuzfahrern so beliebten Abschluss, die mit Kerzenlicht und Musik von der ganzen Riege der Stewards servierte Eisbombe. Und schließlich verabschiedeten sich sämtliche Künstler, die die Reise begleitet hatten, mit einem bunten Unterhaltungsabend von den Gästen. Mit einem lachenden und einem weinenden Auge suchten Justus und Elfriede zu später Stunde ihre Kabine zur letzten Nachtruhe auf.

* * *

Der Ankunftstag in Venedig, der norditalienischen Hafenstadt, war zunächst beherrscht von der Aufbruchsstimmung. Bis zur mittäglichen Ausschiffung waren die verschiedensten Dinge zu erledigen. Die Koffer mussten gepackt, mit den richtigen Kofferanhängern versehen und vor die Kabinentür gestellt werden. Der Safe bei der Rezeption war aufzulösen. Die Bordrechnungen mussten bezahlt, die Reisepässe und der Videofilm abgeholt und das Handgepäck bereitgemacht werden. In ihre Logbücher, die sie seinerzeit bei der ersten Kreuzfahrt erhalten hatten, ließen Justus und Elfriede die jetzige Reise eintragen. Schließlich mussten sie noch die nicht einfache Trinkgeldfrage klären. Sie ließen denjenigen Bordbediensteten, mit denen sie unmittelbar zu tun hatten, jeweils einen angemessenen Betrag zukommen und bedachten im Übrigen auch die für das Küchenpersonal und die anderen unsichtbaren Geister bestimmte Box, die zu diesem Zweck an der Rezeption aufgestellt war, nicht zu kleinlich.

Die zauberhafte Lagunenstadt Venedig mit ihren Kanälen, Brücken und Gondeln, mit Markusdom, Dogenpalast, Rialto- und Seufzerbrücke kannten Justus und Elfriede von einem früheren ausgedehnten Besuch her. Gerne dachten sie daran zurück, wie sie mit einem geschickten Gondoliere durch den Canal Grande und mehrere verträumte Seitenkanäle gefahren waren und nachher am Rande des Markusplatzes gesessen hatten, um die besondere Atmosphäre dieses Küstenparadieses auf sich einwirken zu lassen. Nach der jetzigen dreiwöchigen Reise konnten, so meinten sie, die köstlichen und intensiven Erinnerungen durch einen Tagesaufenthalt keine Bereicherung erfahren. Sie machten deshalb von dem Angebot, noch einen Tag auf dem Schiff zu bleiben und Venedig zu erkunden, keinen Gebrauch, sondern fuhren, nachdem sie sich an der Gangway von mehreren freundlichen Besatzungsmitgliedern verabschiedet hatten, mit dem bereitstehenden Bus nach Hause zurück. Im Bus war es ziemlich still; erkennbar hing jeder seinen Gedanken nach.

Die Fahrt selbst ging – wiederum mit einer Zwischenübernachtung in der Schweiz – zügig vonstatten und irgendwie freute man sich auch, bald wieder daheim zu sein. Sicher würde es eine ganze Zeit dauern, bis man die Fülle der schönen Eindrücke so richtig verarbeitet hatte. Zunächst aber dachte man nur mit Dankbarkeit und auch etwas Wehmut an die großartige Reise zurück.

Viertes Kapitel

Plauderei am Abend

»Sag mal, hast du auch an den Spätburgunder gedacht?«, fragte Elfriede, als Justus vom Einkauf zurückkam.

»Selbstverständlich«, erwiderte er, »alles, was auf dem Zettel stand, wurde erledigt; außerdem habe ich noch Cashew-Kerne mitgebracht, geröstet und gesalzen. Du weißt ja, dass Britta die so gern mag.«

Für den Abend erwarteten die beiden bei sich zu Hause liebe Gäste, zwei Ehepaare aus ihrer früheren Kegelrunde. Rund 40 Jahre hatte man, wie bereits an anderer Stelle erwähnt, zusammen gekegelt. Dann hatte sich der Klub aufgelöst, nachdem mehrere Todesfälle zu beklagen waren und außerdem bei einigen Kegelbrüdern und -schwestern gesundheitliche Beschwerden der verschiedensten Art (Rheuma, Rückenschmerzen usw.) aufgetreten waren, die einem diesen Sport verleiden konnten. Nun traf man sich monatlich einmal zum gemeinsamen Abendessen oder auch, so wie heute, zu einer Plauderstunde in kleinem Kreise.

Draußen fuhr ein Wagen vor und kurz danach schellte es. »Das werden Karl und Britta sein«, meinte Elfriede und drückte auf. Tatsächlich kamen aber auch schon Fred und Luise mit, die von Karl abgeholt worden waren.

»Ihr könnt euch ruhig bald mal einen Treppenlift zulegen«, rief Karl schon von unten her, »das ist ja die reinste Bergbesteigung hier.«

»Du hast recht«, sagte Elfriede, als die vier – etwas außer Atem – oben angelangt waren. »Auch uns wird das ewige Treppensteigen bis zur II.Etage allmählich zu viel.«

Noch während alle in der Diele ablegten, begann Karl, der bis zu seinem Ruhestand als Diplom-Ingenieur tätig gewesen war, die technischen Einzelheiten eines solchen Treppenlifts zu erklären und sagte, die Anlage müsse allerdings ständig gewartet werden und sei auch nicht gerade billig; insgesamt aber seien ihre Vorzüge nicht zu unterschätzen. Karl kündigte an, er werde in den nächsten Tagen mal eine Informationsschrift, die er noch zu Hause herumliegen habe, herüberschicken und Elfriede nahm sich fest vor, dann die Installation eines solchen Lifts ernstlich mit Justus, der sich noch recht skeptisch zeigte, zu besprechen.

Als alle Platz genommen hatten, prustete Karl los: »War das wieder eine Fahrerei! Erst war die Garage durch einen geparkten Wagen zugestellt, dann kam die lange Schlange an der Baustelle Hauptstraße und schließlich hat mir noch jemand – natürlich ein älterer Mann mit Hut am Steuer – die Vorfahrt genommen.«

Fred, der seit mehreren Jahren nicht mehr selbst fuhr, schüttelte den Kopf: »Warum tust du dir das in unserem Alter auch noch an? Das Fahren in der Großstadt ist doch wirklich keine reine Freude mehr.«

Luise ergänzte: »Vielleicht wäre es gut, wenn von einem bestimmten Alter ab die freiwillige Rückgabe des Führerscheins mit einem Jahresticket für Busse und Straßenbahnen honoriert würde.«

Hier mischte sich Britta ein: »Es sind doch keinesfalls immer die älteren Leute, die im Straßenverkehr Mist bauen. Gerade die jüngeren Fahrer sind meistens diejenigen, die zu rasant fahren und durch waghalsige Überholmanöver auffallen.«

Justus gab zu bedenken, dass andererseits bei älteren Fahrern nicht nur das Hör- und Sehvermögen, sondern erfahrungsgemäß auch die Beweglichkeit und das Reaktionsvermögen nachlasse. Besondere Vorsicht sei jedenfalls am Platze. Nach Abwägen aller Umstände wurde sich die Runde darüber einig, dass es im Interesse der Verkehrssicherheit wohl zu empfehlen sei, eine obligatorische Gesundheits-Überprüfung für die Beibehaltung des Führerscheins nach Erreichen einer bestimmten Altersgrenze einzuführen.

* * *

Inzwischen hatte es sich jeder bequem gemacht. Hier noch ein Kissen in den Rücken, dort einen kleinen Schemel hingestellt, um ein Bein hochzulegen. Luise als einzige Raucherin der Runde bekam ihren Aschenbecher hingestellt, machte hiervon aber mit Rücksicht auf die anderen nur spärlichen Gebrauch. Justus und Fred tranken Bier, Karl bestand, da er noch fahren musste, darauf, nur Mineralwasser zu trinken und die drei Damen prosteten sich mit Wein zu.

Elfriede erzählte von der letzten Kreuzfahrt, zeigte dazu einige Bilder und bot an, beim nächsten Treffen auch den Videofilm vorzuführen.

Fred und Luise waren gerade von einem Urlaub in den Tiroler Bergen zurück und berichteten ihre Erlebnisse. Sie hatten die weite Anfahrt mit dem PKW gescheut, wollten den Wagen aber an Ort und Stelle zur Verfügung haben und waren deshalb mit dem

Auto-Reisezug nebst Schlafwagen gefahren. Im Abteil sei es zwar etwas eng gewesen, aber geschlafen hätten sie trotzdem gut; im Übrigen gewinne man ja durch die nächtliche Hin- und Herfahrt zwei ganze Urlaubstage.

Luise, die in letzter Zeit häufig Schwierigkeiten mit den Beinen hatte, sagte: »Richtige Bergtouren so wie früher haben wir nicht mehr gemacht. Aber die Ausflüge waren, teilweise mit Bergbahnen, dennoch prima. Ich hatte im Wandergepäck immer ein kleines Klappstühlchen bei mir und konnte so unterwegs, wenn keine Bank in der Nähe war, bei Bedarf kurze Pausen einlegen.« Fred bestätigte, dass Anstieg und Höhenwanderung auch ihm von Jahr zu Jahr schwerer gefallen seien. Man müsse ganz einfach bei den Tagesplänen etwas zurückstecken.

Karl und Britta hatten den Urlaub noch vor sich. Sie wollten drei Wochen an die See und hatten sich für die autofreie Insel Juist entschieden. Gleich morgen werde Karl zum Reisebüro gehen, um noch den Frühbucherrabatt in Anspruch nehmen zu können. Justus und Elfriede konnten die Vorfreude der beiden gut verstehen, hatten sie doch selbst vor Jahren einen wunderschönen Urlaub auf dieser Insel erlebt. »Apropos Vorfreude«, sagte Elfriede noch, »wir haben für das nächste Jahr eine Flusskreuzfahrt geplant; es soll dann von Stralsund aus über die Oder und den Havel-Kanal bis Potsdam gehen.« Damit wurde das Thema Urlaub abgehakt.

* * *

Luise kam von der Toilette zurück und sagte: »Ich habe gerade auf dem Dielentischchen die neue Nummer von ›Fit im Alter‹ gesehen. Holt Ihr euch die Zeitschrift regelmäßig?«

»Ja, da sind wirklich gute Tipps drin«, meinte Elfriede, »außerdem ein großer Rätselteil, den wir eifrig benutzen.«

»Also wieder so eine ›Senioren-Bravo‹«, griente Karl.

Schon war der Reigen eröffnet, um über das Alter und seine Auswirkungen im Alltag zu sprechen.

»Woran erkennt man eigentlich, dass man alt wird?«, fragte Justus. »Ich selbst merke es daran, dass mein Kurzzeitgedächtnis nachlässt. Schon mehrfach ist es passiert, dass mir Namen, die ich bisher wie selbstverständlich parat hatte, plötzlich entfallen sind oder dass ich in ein Zimmer gehe und auf einmal nicht mehr weiß, was ich da eigentlich wollte.«

»Das dauert aber immer nur kurze Zeit«, warf Elfriede ein, »so zum Beispiel auch, wenn man in einer Unterhaltung von jetzt auf gleich den Faden verliert. Oft merkt man dann nachher übrigens, dass es gar nicht so wichtig ist, was einem entfallen war. Was mich angeht, merke ich das Alter zum Beispiel daran, dass ich an Bahnhöfen und in Kaufhäusern lieber Rolltreppen und Fahrstühle in Anspruch nehme, anstatt, was sicher gesünder wäre, die Treppen zu benutzen.«

Britta wies darauf hin, es werde ja wohl auch als Zeichen des Alterns angesehen, wenn man häufig in Erinnerungen krame, immer nur von früher spreche und an aktuellen Geschehnissen kein rechtes Interesse mehr habe. Man müsse sich in der Beziehung ständig selbst kontrollieren, um nicht eigenbrötlerisch und innerlich einsam zu werden.«

Luise hielt die Vielzahl von gesundheitlichen Beschwerden, die damit verbundene Pillenschluckerei und das zeitweise Empfinden, Dauerstress bestimme den Alltag, für typische Alterserscheinungen. Man solle sich doch nach Möglichkeit jeden Tag auf irgendetwas freuen können und zudem das Schicksal anderer im Auge behalten. Wenn man richtig hinschaue, sehe man, dass es vielen anderen in unmittelbarer Nachbarschaft deutlich schlechter gehe als einem selbst.

Fred gab zu bedenken: »Wer sich wirklich krank fühlt, ist in gewisser Weise blockiert und dann außerstande, sich um andere Dinge oder andere Menschen zu kümmern. Dies ist nicht nur ein Problem des Alters. Dass ich alt werde, merke ich an vielen kleinen Begebenheiten im Alltag, so etwa, wenn mir unterwegs ein Schnürsenkel aufgeht. Früher bin ich dann eben in die Hocke gegangen, um eine neue Schleife zu machen; heute warte ich, bis ich das nächste Mäuerchen finde, um den Fuß hochzustellen.«

Karl meinte: »Alt ist man, wenn man sich alt fühlt. Haarausfall, Falten und Nachlassen der Leistungsfähigkeit irritieren doch nur den, der dem Jugendwahn verfallen ist. Entscheidend ist, dass man sich vom Alter nicht treiben lässt, sondern sein Leben positiv gestaltet. Ob dies durch Übernahme eines Ehrenamtes, sportliche Betätigung oder kulturelles Engagement geschieht, muss jeder für sich selbst entscheiden.« Nachdenklich und fragend zugleich blickte er in die Runde.

Elfriede hatte Schnittchen vorbereitet und man legte nach dem angeregten Gespräch eine Pause ein. Britta nutzte dies, um einen Vorschlag zu unterbreiten. Man wisse ja, dass Kochen ihr Hobby sei. Sie habe nun anhand von Kochbüchern und Fernsehsendungen mehrere neue Rezepte ausprobiert und rege an, dass das nächste

Treffen bei ihr ein gemeinsamer Kochabend werden solle. Alle waren einverstanden und Justus zischelte leise: »Aber bitte ohne Paprika; dagegen bin ich allergisch.«

* * *

Nach dem Essen nahm Karl den zuletzt gesponnenen Faden wieder auf und fragte, wie denn nun tatsächlich jeder einzelne seinen Ruhestand gestalte. Er selbst sei bekanntlich ein Golfnarr und mehrmals wöchentlich auf dem Platz. Ab und zu betätige er sich dort auch als Aushilfe beim Anfängertraining; das mache ihm richtig Spaß. Außerdem liebe er – natürlich nur bei guter Witterung – die Gartenarbeit und gehe jeden Morgen mit dem Hund spazieren.

Britta wies auf ihr Koch-Hobby hin, bezeichnete Radfahren und Schwimmen als ihre bevorzugte sportliche Betätigung und kündigte an, Karl und sie wollten sich jetzt zu einem Tanzkursus für Senioren anmelden.

»Das haben wir uns bei der Kreuzfahrt auch vorgenommen«, sagte Elfriede, »wir können den Kursus dann ja gemeinsam belegen.« Damit waren Britta und Karl gerne einverstanden. »Im Übrigen«, setzte Elfriede fort, »ist meine Lieblingsbeschäftigung nach wie vor das Tennisspielen. Bald wird wieder die Klubmeisterschaft, die auch die Senioren-Riege berücksichtigt, ausgetragen. Auch steht die Jahresversammlung des Vereins bevor, für die mehrere interessante Neuerungen angekündigt worden sind. So sollen endlich zusätzliche Parkplätze geschaffen und das Klublokal renoviert werden. Dort spielen wir übrigens regelmäßig Doppelkopf und können auch Gäste mitbringen.«

Fred erzählte, er habe tatsächlich ein Ehrenamt übernommen, und zwar in der eigenen Pfarrgemeinde. Er organisiere Vortragsveranstaltungen, sei für die Messdienerausbildung zuständig und schreibe Artikel für die Pfarrzeitung. Ansonsten besuche er gerne Museen und Galerien, komplettiere seine Briefmarkensammlung und bastele stundenlang in seinem Hobbykeller herum.

Luise sagte, sie passe mehrmals wöchentlich auf die Enkelkinder auf, da ihre Tochter und der Schwiegersohn berufstätig seien. Das heiße aber nicht, dass sie sich ständig um die Kinder kümmern müsse. Diese zögen sich meistens in ihr Spielzimmer zurück und sie könne dann in Ruhe lesen oder fernsehen. Hin und wieder gebe sie einem Nachbarskind Nachhilfe in Englisch und bessere so ganz nebenbei auch ihre eigenen Sprachkenntnisse auf. An den Tagen, an denen sie bei den Enkelkindern sei, brauche sie nicht zu kochen, sondern gehe mit Fred auswärts essen.

Justus beendete die Tätigkeitsberichte der Runde mit dem Hinweis, er selbst sitze weiter gerne am Schreibtisch, um Tagebuchnotizen nachzutragen, Reiseberichte zu fertigen und Kurzgeschichten oder Gedichte zu verfassen. Seit einiger Zeit sei er auch wieder mit der Ahnenforschung beschäftigt, die seiner Meinung nach ausgesprochen spannend sei. Er habe, was die Mithilfe im Haushalt angehe, inzwischen einen festen Aufgabenbereich und sei außerdem, wenn das Wetter es zulasse, jeden Tag mindestens eine Stunde auf den Beinen. Im Stillen bewunderte er Fred und Luise wegen ihres ehrenamtlichen Einsatzes und dachte, man solle die eigenen Tätigkeiten im Ruhestand demnächst doch vielleicht etwas anders gewichten.

* * *

Abschließend wurde, von Karl angestoßen, noch kurz das Thema »Wohnen im Alter« besprochen. Karl und Britta nämlich beabsichtigten, ihr Haus, das ihnen nach dem Auszug der Kinder zu groß erschien, zu verkaufen und in eine Seniorenresidenz zu ziehen. Sie hatten sich schon ein solches Haus am Rande der Stadt (»ganz im Grünen«) angesehen und schwärmten von ihren ersten Eindrücken. Sicher waren sie sich aber noch keinesfalls und meinten, das Für und Wider müsse – auch unter Hinzuziehung der auswärts wohnenden Kinder – in der Familie eingehend besprochen werden.

Fred und Luise dagegen hatten sich bereits entschieden, in ihrer Wohnung zu bleiben, solange sie beide noch einigermaßen rüstig seien. Sie fühlten sich in ihrem Heim ausgesprochen wohl und möchten keine Veränderung herbeireden. Ob später ein Alters- oder gar Pflegeheim irgendwann in Betracht komme, wollten sie vertrauensvoll der Zukunft überlassen. Den ursprünglich einmal angedachten Plan, im Ruhestand aus der Großstadt weg und aufs Land zu ziehen, hätten sie aufgegeben und wollten alles Weitere in Ruhe abwarten.

Für Justus und Elfriede war die Frage, über die man früher heftig debattiert hatte, längst geklärt. Elfriede wollte das Haus, das sie von ihren Eltern geerbt und in dem sie ihr Leben lang gewohnt hatte, keinesfalls verlassen und hatte dafür bei Justus letztlich Verständnis gefunden. Auch hier hieß es also abwarten, was die Zukunft bringen würde.

Die Zeit war weit fortgeschritten und, ohne dass man es bemerkt hätte, wie im Fluge vergangen; Karl drängte zum Aufbruch. Elfriede schenkte zum letzten Mal ein und Justus prostete mit erhobenem Glas: »Wir sollten darauf trinken, dass es uns allen noch recht lange so gut geht wie heute.« »Und auch darauf«, ergänzte Britta, »dass wir uns noch häufig froh und gesund in dieser Runde wiedertreffen.« Alle nahmen den letzten Schluck und mit dem Abend vollauf zufrieden ging man auseinander.

Fünftes Kapitel

Flusskreuzfahrt

Wieder war ein Jahr vergangen, ein Jahr, in dem Justus und Elfriede auf ihre goldene Hochzeit zugingen und ganz realistisch auch über letzte Dinge nachgedacht und gesprochen hatten. Ihre Erbfolge hatten sie schon vor Jahren durch ein bei Eheleuten mit Kindern übliches »Berliner Testament« geregelt, wonach die Ehegatten sich in einem gemeinschaftlichen Testament gegenseitig zu Erben einsetzen und gleichzeitig bestimmen, dass nach dem Tode des Überlebenden der beiderseitige Nachlass zu gleichen Teilen an die Kinder fallen soll. Hieran brauchte nichts geändert zu werden. Jetzt war vielmehr die Frage aufgetaucht, ob noch weitere Regelungen zu treffen seien, insbesondere ob für sie eine Vorsorgevollmacht, eine Betreuungsverfügung oder eine Patientenverfügung in Betracht komme. Justus hatte die Begriffe kurz erklärt:

Mit der *Vorsorgevollmacht* bevollmächtige ich einen anderen, in meinem Namen und mit Wirkung für mich Erklärungen abzugeben, zu denen ich selbst infolge von alters- oder krankheitsbedingtem Verlust der Geschäftsfähigkeit nicht mehr in der Lage bin. Das Erfordernis einer Betreuungsanordnung entfällt dann in aller Regel. Mit der *Betreuungsverfügung* treffe ich vorsorglich Regelungen für den Fall der Anordnung einer Betreuung, so zum Beispiel, welche Person ich als Betreuer wünsche. Mit der *Patientenverfügung* gebe ich Erklärungen darüber ab, welche medizinischen Maßnahmen ich im Falle meiner Einwilligungsunfähigkeit (etwa als Komapatient) wünsche oder nicht wünsche, so zum

Beispiel auch hinsichtlich der Einleitung oder des Abbruchs lebensverlängernder Maßnahmen.

Nach einigen Erörterungen neigten Justus und Elfriede dazu, alsbald Patientenverfügungen niederzuschreiben. Alles andere sollte, zumal auch die Abgrenzung zur Generalvollmacht noch zu klären war, später in Ruhe mit einem befreundeten Notar besprochen werden. Jetzt aber hieß es, unbelastet von diesen Fragen sich zunächst einmal auf die neue Schiffsreise zu freuen, eine einwöchige Flusskreuzfahrt von Stralsund bis Potsdam.

* * *

Die Anfahrt nach Stralsund erfolgte mit der Bahn, der Gepäcktransport wieder mit dem Service »von Haus zu Haus«. Ein Taxi brachte Justus und Elfriede bis zur Anlegestelle. Da bis zur Einschiffung noch mehr als eine Stunde Zeit blieb, unternahmen sie einen Rundgang durch das Hafengelände und besichtigten das Meereswellen-Museum mit dem Meeresaquarium. Zur Geschichte von Stralsund, der Hafenstadt am Strelasund der Ostsee gegenüber der Insel Rügen, erfuhren sie, dass die Stadt im Jahre 1278 Gründungsmitglied der Hanse war, von 1648–1815 schwedisch und danach preußisch wurde und seit 1945 zu Mecklenburg gehörte. Heute ist Stralsund mit seinen über 70 000 Einwohnern eine kreisfreie Stadt im Bundesland Mecklenburg-Vorpommern.

Die Einschiffung begann pünktlich; endlich konnte das kleine Traumschiff betreten werden. Justus und Elfriede wurden vom Hoteldirektor begrüßt und von der Reiseleiterin in ihre Kabine begleitet. Es handelte sich um eine gemütlich ausgestattete Außenkabine mit ansprechendem Mobiliar und allem, was man von einer guten und bequemen Unterkunft erwartet; so waren unter anderem selbstverständlich Dusche/WC, Fernseher, Radio, Telefon und Minibar vorhanden. Auch ein Begrüßungstrunk und ein bestens gefüllter Obstteller standen bereit.

Schon der erste Gesamteindruck von Schiff und Kabine war erfreulich und beruhigend zugleich. Man spürte: Hier kann man sich auf eine ganz eigene Art und Weise zu Hause fühlen. Wo ein Meeres-Kreuzfahrtschiff mit Größe, Fülle und Weitläufigkeit imponiert, hat man es hier mit einem komfortablen Familienschiff zu tun, das geradezu intime Behaglichkeit verbreitet. Mit nur rund 50 Fahrgästen an Bord wird die Fahrt, schon weil sie eine persönliche Kontaktaufnahme untereinander erheblich erleichtert, zum reinsten Familienausflug. Dabei ist man erstaunt, was sich in dem mit nur 30 Kabinen und drei Decks bestückten Flussschiff alles verbirgt. Eine großzügige Lounge mit dezenter Bar ist ebenso vorhanden wie ein einladendes Restaurant. Besonderer Erwähnung bedarf das mit Sonnenschirmen und Liegestühlen bestens versorgte Sonnendeck, das nach allen Seiten hin freien Ausblick gewährt. Kurzum: Jedes Fleckchen des eleganten Schiffes lädt ein zur Entspannung und zu unkomplizierter Behaglichkeit.

Vor der Abfahrt versammelten sich die Fahrgäste auf dem Sonnendeck und genossen den Blick auf Stralsund und seine Sehenswürdigkeiten: St. Nikolaikirche, dahinter das Rathaus am Alten Markt, links daneben die älteste Kirche Stralsunds aus dem 13. Jahrhundert und ganz links die Marienkirche, alles im Stil der Backsteingotik. Dann hieß es »Leinen los« und die siebentägige Insel-, Fluss- und Kanalreise konnte starten. Sie begann mit Musik, einem Glas Sekt und viel freudiger Erwartung.

* * *

Erstes Ziel war nun das nordwestlich von Stralsund gelegene Ostseebad Zingst am Darß, Teil einer etwa 50 km langen Halbinselkette, auch Fischland genannt. Auf der knapp fünfstündigen Fahrt dorthin wurden mit großem Interesse die Besonderheiten der vorpommerschen Boddenlandschaft und die Einrichtungen des Schiffs besichtigt, die Tischreservierungen vorgenommen und die Landausflüge gebucht, teilweise im Rahmen eines Vortrags auch schon vorgestellt. Nach einer Cocktail-Stunde in der Lounge, bei der die Reiseleiterin humorvoll und informativ zugleich über das Bordleben berichtete, präsentierte der Chefkoch das Begrüßungsessen, ein vorzügliches Abendessen mit sechs Gängen, das unter anderem als Hauptgang »Rosa gebratene Entenbrust mit Kirschen und Mandelbroccoli« und für die Leckermäuler ein köstliches Dessert bot. Während angenehme musikalische Begleitung den Abend ausklingen ließ, erreichte das Schiff nach Sonnenuntergang den verträumten Ort Zingst.

Nach einer ruhigen Nacht ging am frühen Morgen die kurze Busrundfahrt über die noch stille Halbinselkette los. Bei klarem Wetter wurden die Künstlerkolonie Ahrenshoop und die anderen charmanten Seebäder besichtigt, unter anderem auch der Badeort Prerow mit seiner bekannten Seemannskirche. Anschließend machten Justus und Elfriede für sich allein einen Spaziergang über den lang gestreckten Dünenkamm in Zingst und ruhten nachher auf einer Bank aus. Diese »Hohe Düne« ist mit rund 15 m Höhe landschaftlich das Imposanteste, was die Umgebung von Zingst zu bieten hat. Der weite Blick über das Wasser und die zum Teil seltene Pflanzen- und Vogelwelt lassen das Herz höher schlagen. Elfriede sagte nachher zu Justus: »Unsere stille Viertelstunde auf der Dünenbank hat mir noch besser gefallen als der interessante Busausflug«.

Auf den Mittagsschlaf wollten beide heute verzichten. Denn sofort nach dem Essen legte das Schiff ab und kehrte – an der Insel Bock vorbei – zunächst nach Stralsund zurück. Für diese Fahrt lockte so recht das Sonnendeck, wo man vom Liegestuhl aus den Blick auf die ständig wechselnde Landschaft genießen und gleichzeitig ein Sonnenbad nehmen konnte. Ansonsten standen an diesem Tag nur noch Kaffee und Kuchen sowie ein leckeres Abendessen auf dem Programm. Der Chefkoch hatte sich wieder alle Mühe gemacht. Außer den köstlichen Vor- und Nachspeisen konnte man zwischen gedünstetem Butterfischfilet auf Zucchiniwürfeln und Lammrückenfilet mit Speckbohnen und Kartoffelgratin wählen.

* * *

Von Stralsund aus fuhr das Schiff schon am frühen Morgen des nächsten Tages wieder ab, und zwar durch den Kubitzer Bodden, um das zweite Ziel zu erreichen, die im Westen von Rügen gelegene Insel Hiddensee. Diese auch Perle der Ostsee genannte autofreie Nationalparkinsel besteht aus einer schmalen 16 km langen Landzunge und bietet sowohl unberührte Natur als auch interessante Sehenswürdigkeiten, so zum Beispiel das Heimatmuseum im Künstlerdorf Kloster. Hier erfährt der Besucher unter anderem, wie die Insel, die von den Einheimischen liebevoll das »Söte Länneken« genannt wird, im Laufe der Jahrtausende durch abgetragene Sand- und Kiesmassen entstanden ist. Weiter sind zu nennen der Leuchtturm im Hochland, die bekannte Inselkirche und das Gerhart-Hauptmann-Haus, wo der Dichter, Schriftsteller und Nobelpreisträger lebte und arbeitete.

Während der Besichtigung, die auch von einer Pferdekutsche aus erfolgen kann (Kremserrundfahrt), lag das Schiff in Vitte, dem an der östlichen Küste gelegenen Haupthafen von Hiddensee, vor Anker. Die Insel ist an dieser Stelle so schmal, dass man zu Fuß in kurzer Zeit auch die offene Ostsee an der Westküste erreichen kann. Diesen abschließenden kleinen Spaziergang, zuletzt durch die wie ein Schutzwall wirkenden Dünen, ließen sich Justus und Elfriede nicht entgehen und genossen bei untergehender Sonne die majestätische Weite und beruhigende Kraft des stillen Meeres.

* * *

Ein weiterer Höhepunkt der Reise stand am nächsten Tag bevor: Der Besuch von Rügen, der größten deutschen Insel. In zwei Stunden war die Fahrt bis Dramske Bug, dem nordwestlichen Hafen von Rügen, geschafft. Während dieser Zeit fand an Bord ein Informationsvortrag statt, der kurz die Geschichte und die landschaftlichen Begebenheiten der Insel behandelte und außerdem auf den vorgesehenen Nachmittagsausflug einstimmte:

Ursprünglich war Rügen von den ostgermanischen Rugiern bewohnt, dann von Slawen, die im Jahre 1168 unter dänische Oberhoheit kamen. In der Folgezeit fiel Rügen 1325 an Pommern, 1648 an Schweden und 1815 an Preußen; seit der deutschen Wiedervereinigung gehört es zum Bundesland Mecklenburg-Vorpommern. Mit seinen 926 qkm besteht die Insel im Süden und Westen aus fast ebenem Land, im Norden und Osten aus Hügelland mit einer durch Bodden und Buchten stark gegliederten Küste. Ganz im Norden liegt der Kreidefelsen Kap Arkona mit Leuchttürmen und frühgeschichtlicher Burganlage. Seit 1936 ist die Insel durch den 2,5 km langen Rügendamm mit dem Festland verbunden.

Die große Nachmittagsrundfahrt vollzog sich unter einheimischer Führung abwechselnd mit dem Bus und dem als »Rasender Roland« bekannten Inselbähnchen, und zwar zunächst zum 117 m hohen Königsstuhl im Osten der Insel. Dieser berühmte Kreidefels an der Steilküste von Stubbenkammer war das Motiv für das nicht minder berühmte Gemälde von Caspar David Friedrich aus dem Jahre 1818. Zahlreiche weitere Aussichtspunkte wurden angefahren, so zum Beispiel – nach der Bähnchenfahrt von Putgarten zum Fischerdorf Vitt – der Rugard bei Bergen, die Granitz bei Binz und das bereits genannte Nordkap Arkona auf der Halbinsel Wittow.

Müde von all dem Erlebten kehrten die Ausflugsteilnehmer vier Stunden später an Bord zurück, gerade rechtzeitig, um sich vor dem Abendessen noch frisch zu machen. Elfriede suchte zudem kurz den Bordarzt auf und ließ einen Insektenstich, der sich entzündet hatte, behandeln. Während die Reisenden lecker speisten, verließ das Schiff die Anlegestelle Dranske Bug, um das nächste Ziel, den Hafen von Greifswald-Wieck anzusteuern. Der Abend gehörte der Unterhaltung, wozu der Bordmusiker auch Melodien aus den vergangenen Jahrzehnten beisteuerte, und endete mit einem delikaten Mitternachtssnack in der Lounge. Dann kehrte Ruhe ein. Von der Nachtfahrt selbst, die wieder über Stralsund und dann durch den Greifswalder Bodden führte, und der nächtlichen Anlandung im Zielhafen bekamen die Gäste kaum etwas mit.

* * *

Kaum war der neue Tag – der mehrere Zwischenstationen haben sollte – angebrochen, begann mit dem vorverlegten Frühstück das volle Tagesprogramm, und zwar zunächst der als Landausflug gebuchte Stadtrundgang durch die alte Hansestadt Greifswald. Am Marktplatz wurde das Rathaus mit seiner barocken Fassade und den gotischen Arkadengängen besichtigt, weiterhin die beeindruckenden Bürgerhäuser in norddeutscher (nach der Wende restaurierter) Backsteingotik. Danach besuchte die Reisegruppe eine der wenigen Kirchen ohne Chor und hörte, da der Kantor dort gerade übte, eine gepflegte Orgelmusik. Schließlich führte der Weg – jetzt nur zur Außenbesichtigung – an der Universität und am Dom St. Nikolai vorbei, der mit seiner geschweiften Barockhaube schon von Weitem grüßte.

Um 11 Uhr, unmittelbar nach Rückkehr der Ausflugsteilnehmer, legte das Schiff vom Hafen Greifswald-Wieck ab und nahm nun Kurs auf Peenemünde, eine kleine Gemeinde im Nordwesten der Insel Usedom. Die Älteren erinnerten sich sofort daran, dass hier im Zweiten Weltkrieg das deutsche Forschungs- und Versuchszentrum für Raketen und Fernlenkwaffen seinen Sitz hatte. Bei den Unterhaltungen innerhalb der Reisegruppe hörte man allenthalben Namen von Forschern und Begriffen, die mit diesem Zentrum zusammenhingen, so insbesondere die Kurzbezeichnungen der »Vergeltungswaffen« V1 und V2. Heute gibt ein Museum hierüber Auskunft. Der eigentliche Zweck, in Peenemünde anzulegen, war aber nicht die Erinnerung an früheres Kriegsgeschehen, sondern die Besichtigung der Insel Usedom und seiner weltbekannten Kaiserbäder.

Die zwischen Peene und Swine liegende Ostseeinsel, von der ein Viertel nach dem Krieg an Polen fiel, ist 445 qkm groß und gehört zu den sonnenreichsten Regionen Deutschlands. Fährt man mit dem Bus entlang dem westlich gelegenen Achterwasser, kann man sich an der Vielfalt interessanter Bäderarchitekturen, Seebrücken und Promenaden erfreuen. Die große Nachmittagsfahrt führte durch eine abwechslungsreiche Landschaft und fand ihren Höhepunkt bei den mondänen Seebädern Ahlbeck (mit der als Wahrzeichen bekannten viertürmigen Seebrücke) und Heringsdorf (Bad »für die Reichen und Schönen«, wie ein Fahrgast es ausdrückte). Niemand konnte sich dem außergewöhnlichen Flair dieser Bäder entziehen. In Wolgast wurde eine größere Pause eingelegt, die Justus und Elfriede dazu benutzten, in einem am Wasser gelegenen Café eine erfrischende Portion Eis zu sich zu nehmen. Hier in Wolgast bestiegen die Reisenden auch wieder das Schiff, das zwischenzeitlich – mit den Fußkranken an Bord – von Peenemünde aus nachgekommen war.

* * *

Nach einem ebenso vielseitigen wie anstrengenden Tag wurden die Ausflügler mit aufmunternden Seemannsliedern und mit kühlen Cocktails an Bord in Empfang genommen und mit einem ausgezeichneten Abendessen (Gebratenes Heilbuttfilet mit Weißweinsauce auf Frühlingslauch) verwöhnt. Abends zeigte Elfriede ihrem Mann dann noch stolz das Mitbringsel, das sie am Vortage auf der Insel Rügen erworben hatte: Eine blau-weiß bedruckte Kaffeedecke mit den Sehenswürdigkeiten der Insel. Noch von jeder Kreuzfahrt hatte sie – sei es von Madeira, von Gotland oder von Kreta – eine schmucke Tischdecke mit Trachten und sonstigen Besonderheiten der jeweiligen Insel mitgebracht. Oft war dies zu Hause der Anlass, sich dann über die entsprechende Reise zu unterhalten und in Erinnerungen zu schwelgen.

Nachts legte das Schiff die Strecke von Wolgast bis Stettin zurück. Dabei musste es zwischendurch mehr als drei Stunden vor der polnischen Grenze im Stettiner Haff ankern, bis die Weiterfahrt von den polnischen Behörden freigegeben wurde. Elfriede erhielt in dieser Nacht per Handy (SMS) einen »Willkommensgruß in Polen« und Justus dachte an die schwere Zeit zurück, als er Ende Januar 1945 als junger Soldat zum letzten Mal in Stettin war.

Nach der Ankunft in Stettin (polnisch Szczecin), der an der Mündung der Oder ins Stettiner Haff liegenden Hafenstadt, machten Justus und Elfriede zunächst einen kurzen privaten Landgang, wobei sie die prächtig über der Oder gelegene Hakenterrasse betraten und den Hafen entlang schlenderten, an dem mehrere Kreuzfahrtschiffe vor Anker lagen. Sie entnahmen der Reiseinformation, die morgens in ihrer Kabine gelegen hatte, dass Stettin heute mit über 400 000 Einwohnern und fünf Hochschulen die Hauptstadt der polnischen Woiwodschaft Westpommern und bedeutendster Ostseehafen ist, mit wirtschaftlichen Schwerpunkten in Metallindustrie und Schiffbau. Im Mittelalter war Stettin Hansestadt (seit 1278) und pommerscher Herzogensitz, wurde 1648 schwedisch, 1720 preußisch und gehört seit 1945 zu Polen.

Nachmittags nahmen Justus und Elfriede an einem dreistündigen Landausflug (mit Bus und zu Fuß) durch Stettin teil, insbesondere durch die Altstadt. Unter anderem wurden das Schloss der pommerschen Fürsten, eine Vierflügelanlage aus dem 17. Jahrhundert mit Krypta und kunstvoll gearbeiteten Sarkophagen, sowie die Kathedrale St. Jakob, eine gotische Hallenkirche aus dem 14. Jahrhundert mit schönen Kreuzgewölben, besichtigt, weiter das Berliner Tor und das Hafentor aus dem Jahre 1725. Ein anschließender Spaziergang vom Grunwalski-Platz aus führte durch die Fußgängerzone, wo auf einer Volksbühne Ritterspiele der Kreuzfahrer und Wikinger aufgeführt wurden. Den Abschluss fand der Landgang wieder auf der Hakenterrasse, deren Anlage Elfriede an die Fischer-Bastei in Budapest erinnerte und die ein Schifffahrtsmuseum beherbergt.

Der Tag war voller Erlebnisse gewesen und deshalb war jetzt wieder Erholung angesagt. Eine abendliche Ruhestunde auf dem beliebten Sonnendeck, ein zünftiges Abendessen (wahlweise Labskaus oder Spanferkelrücken in Kümmelsaft auf Sauerkraut mit Serviettenknödel) und eine vergnügliche musikalische Stunde mit einem ordentlichen Schlaftrunk mündeten in eine erholsame Nacht.

* * *

Lag das Schwergewicht der bisherigen Reise auf der romantischen Vielfalt der besuchten Inseln, so traten nunmehr wassertechnische Besonderheiten (künstliche Wasserstraße, Schiffshebewerk, Schleuse usw.) in den Vordergrund. In aller Frühe verließ das Schiff den polnischen Hafen Stettin, passierte die Grenze zur Bundesrepublik Deutschland auf der West-Oder bei Mescherin und nahm, nachdem es zuletzt an der Ostseite der Uckermark die Hohensaaten-Friedrichsthaler Wasserstraße durchfahren hatte, Kurs auf den Hafen Lunow. Während dieser Fahrt wurde den Passagieren Gelegenheit gegeben, die Brücke und den Maschinenraum zu besichtigen. Justus machte hiervon gerne Gebrauch. Elfriede interessierte sich weniger für technische Fragen und meinte, für sie sei Faulenzen jetzt das Richtige.

Ein reichhaltiges Mittagessen, bei dem es unter anderem Zwiebelrostbraten vom Rind gab, führte die Reisenden wieder zusammen und man konnte sich für den Nachmittagsausflug, der als anstrengend angekündigt war, stärken. Beim Essen fragte Justus:»Weißt du noch, was mir passiert ist, als ich zum letzten Mal Zwiebelrostbraten gegessen habe?« Elfriede nickte:»Aber sicher, das war beim Griechen an der Ecke. Da hat sich damals dein wackeliges Zahnprovisorium selbstständig gemacht und du warst allerliebst hilflos«. Beide mussten herzlich lachen und Justus sagte:»Lachen ist gesund. Steht auch im Spruch des heutigen Tagesprogramms: Der Verlorenste aller Tage ist der, an dem man nicht gelacht hat.«

Der Landausflug ging zunächst mit dem Bus durch die Schorfheide, bekannt als beliebtes Jagdrevier und heute ein viel besuchtes Naherholungsgebiet. Dort wurde das Jagdschloss Hubertusstock, in dem seinerzeit auch ein Treffen der beiden Staatsmänner Helmut Schmidt und Erich Honecker stattfand, besucht. Alsdann folgte die Besichtigung der Ruine des aus dem 11. Jahrhundert stammenden Zisterzienserklosters Chorin, die norddeutsche Backsteingotik aufweist. Schließlich konnte die Gruppe das 60 m hohe Schiffshebewerk Niederfinow bestaunen, in das gerade ein Schweizer Schiff einfuhr. Die Schleusung dauerte 20 Minuten. Die Busfahrt endete in Oderberg/Mark, wohin das Schiff inzwischen von Lunow aus weitergefahren war.

Bei der nächsten Etappe, die von Oderberg über den Oder-Havel-Kanal in Richtung Berlin-Spandau führte, sahen die Reisenden das Schiffshebewerk Niederfinow zum zweiten Mal, nunmehr selbst als Passagiere des einfahrenden Schiffes. Der Schleusenvorgang war, obwohl Justus und Elfriede dies von den Fahrten auf der Donau her schon kannten, ein spannendes Erlebnis. Die Weiterfahrt durch den Oder-Havel-Kanal, die vom Oberdeck aus gut zu verfolgen war, berührte die Orte Friedrichsthal, Oranienburg, Lehnitz und Henningsdorf, passierte mehrere Schleusen und

erreichte den Liegeplatz Berlin-Spandau an der Dischinger-
brücke.

* * *

Der Nachmittag gehörte einer großen Berlin-Rundfahrt und
brachte spannende Einblicke in geschichtsträchtige Stätten dieser
deutschen Metropole: Von dem beliebten Bummelboulevard Kur-
fürstendamm und der charakteristischen Gedächtniskirche bis hin
zum Potsdamer Platz mit seinem Arkaden-Einkaufszentrum; weiter zum Checkpoint Charlie, dem früheren Ausländerübergang im
geteilten Berlin, und zur berühmten Prachtstraße Unter den
Linden sowie zum Gendarmenmarkt, einem der schönsten Plätze
Berlins. Nach einem kurzen Stopp erreichte der Bus das Branden-
burger Tor, das Wahrzeichen Berlins; von hier aus konnte man
den Reichstag und viele Regierungsgebäude sehen.

Auf der Rückfahrt zum Schiff – teilweise kreuz und quer durch
die Stadt – passierte der Bus noch das Schloss Bellevue, den
Berliner Dom, die Siegessäule, das Olympiastadion und das
Schloss Charlottenburg, das ehemalige Stadtschloss Friedrichs
des Großen. Noch viele weitere Stationen, die auf der langen Fahrt
gestreift wurden – zum Beispiel Stauffenbergstraße (Bendler-
Block), französischer und deutscher Dom, ausländische Bot-
schaften, Charité usw. –, hatte Justus sich unterwegs vermerkt;
aber ihm war schnell klar, dass man die kulturellen Höhepunkte
Berlins und die reizvollen Kontraste zwischen Weltstadt und
Idylle bei einer einzigen Rundfahrt auch nicht annähernd ausloten
konnte.

Zum letzten Mal erwartete der Kapitän die Gäste zu einem Abschiedscocktail in der Lounge. Der Bordmusiker spielte Seemannslieder auf dem Akkordeon und die übliche Abschiedsstimmung – Wehmut und aufgeräumter Frohsinn zugleich – breitete sich aus. Nach einem wieder bestens gelungenen Abendessen hieß es Kofferpacken, die Endabrechnung begleichen, den Pass abholen und den üblichen Fragebogen zur Beurteilung des Gebotenen an der Rezeption abgeben.

Die Kreuzfahrt endete am nächsten Morgen mit der Ausschiffung in Potsdam. Da Justus und Elfriede noch vor kurzer Zeit Schloss Sanssouci besichtigt hatten, verzichteten sie auf einen privaten Landgang in Potsdam, zumal die letzten beiden Tage der Kreuzfahrt doch recht anstrengend waren. Sie fuhren deshalb mit der Taxe zum Hauptbahnhof Potsdam, mit der Regionalbahn nach Berlin-Zoo und – nach einer Erholungspause in einem Straßencafé nahe der Gedächtniskirche – mit dem ICE nach Hause zurück.

Elfriede meinte auf der Rückfahrt: »Für den Ruhestand gibt es zwar keine Patentrezepte. Aber eine Reise wie diese gehört sicher zu den guten Rezepten und zeigt doch, dass sinnvolle Lebensgestaltung auch im Alter möglich ist.« Justus stimmte ihr zu und ergänzte: »Vielleicht sollte man Älterwerden grundsätzlich nicht mit dem biologischen Altern gleichsetzen, sondern als innere Reifung verstehen. Dann erhält das ›Ausruhen‹ von der Lebensarbeit seinen besonderen Wert«.

Sechstes Kapitel

Ein Kessel Buntes

Wer sein Dienst- oder Arbeitsverhältnis aus Altersgründen beendet, tritt in den Ruhestand. Ob er als Beamter pensioniert wird und künftig Versorgungsbezüge erhält oder ob er als Angestellter oder Arbeiter »in Rente geht« und Altersruhegeld bezieht, ist zweitrangig; für jeden ist der Eintritt in den Ruhestand eine einschneidende und – obwohl im Voraus berechenbar – als überraschend empfundene Zäsur. Es ändern sich sowohl die finanziellen Verhältnisse als auch die sozialen Kontakte, jedenfalls in aller Regel. Hinzu kommt: Die langsam aber sicher zunehmenden Beeinträchtigungen des körperlichen Wohlbefindens bis hin zu gesundheitlichen Beschwerden machen dem Ruheständler ebenso zu schaffen wie das Bedürfnis, die bisherige Berufstätigkeit durch eine befriedigende Tätigkeit anderer Art zu ersetzen. Der eine macht sicht hierüber schon vorher Gedanken; der andere sieht sich unvermittelt vor die Notwendigkeit gestellt, nun hierüber nachzudenken.

Außer den bereits angesprochenen größeren Reisen, die für die Wunschliste »jüngerer« Pensionäre geradezu prototypisch sind, hatten auch Justus und Elfriede eine ganze Reihe von Möglichkeiten entdeckt, wie sie den Ruhestand sinnvoll gestalten könnten. Einige dieser Möglichkeiten seien hier in gedrängter Form aufgezeigt.

Kurze Städtereisen

Neue Bundesländer

Da Justus' Eintritt in den Ruhestand und die deutsche Wiedervereinigung zeitlich beinahe zusammen fielen, beabsichtigte das
Ehepaar Müller schon bald, die neuen Bundesländer kennenzulernen. Der erste Kurztrip ging nach Thüringen, wo zunächst
Eisenach und die geschichtsträchtige Wartburg besichtigt wurden. Während des etwas mühseligen Anstiegs zur Burg äußerte
einer der gespannten Besucher, er möchte auch den berühmten
Tintenfleck an der Wand der Lutherstube sehen. Tatsächlich ging
der Wartburg-Führer bei dem Rundgang, der mehr als eine Stunde
dauerte, auch hierauf ein.

Bei einem anschließenden Aufenthalt in der Hauptstadt Erfurt
saßen Justus und Elfriede in einem Cafe an der Krämerbrücke, als
ein junges einheimisches Ehepaar sich zu ihnen setzte und ein
beiderseitiges Fragen und Erzählen begann. Die »Westler« hörten
dabei erstmalig Näheres von der Jugendweihe, vom dortigen
Schul- und Weiterbildungssystem sowie von den Arbeits- und
Wirtschaftsverhältnissen vor und nach der Wende. Betroffene
selbst zu hören, gab doch ein ganz anderes Bild als bloße Berichte
in Presse und Fernsehen. Justus empfand so etwas wie beiderseitige Freude über ein neu entdecktes Zusammengehörigkeitsgefühl.
Mit guten Wünschen und voller Herzlichkeit ging man auseinander.

Den Abschluss der kurzen Reise bildete Weimar, die Stadt an der
Ilm und Geburtsstätte der Weimarer Reichsverfassung. Diese hatte
Justus während seines 1947 begonnenen Studiums im öffentlichen

Recht noch »pauken« müssen, da das Grundgesetz erst zwei Jahre später in Kraft trat. Der Rundgang durch Weimar war, zumal das Wetter mitspielte, ein schönes und vielseitiges Erlebnis, besonders wegen der zahlreichen Erinnerungen an Goethe und Schiller. Selbstverständlich fand Goethes Gartenhaus, in dem man frei herumsteigen konnte, bei dem Rundgang besonderes Interesse.

* * *

Die nächste Städtereise galt dem Freistaat Sachsen, und zwar den Städten Leipzig und Dresden. In Leipzig war Justus zuletzt Ende des Zweiten Weltkriegs gewesen, als er im Februar und März 1945 zur gefürchteten Rekrutenausbildung auf Schloss Hubertusburg (in Wermsdorf bei Oschatz) war und alle Schikanen des preußischen Militarismus »genießen« durfte. Unberührt von solchen trüben Erinnerungen gestaltete sich der diesmalige Besuch von Leipzig, der traditionsreichen Hochschul-, Buch- und Messestadt, zu einem unvergesslichen Erlebnis. Thomaskirche (berühmt durch den Thomanerchor unter Johann Sebastian Bach), Nikolaikirche und altes Rathaus waren ebenso interessante Sehenswürdigkeiten wie das Völkerschlachtdenkmal und das Gebäude des ehemaligen Reichsgerichts. Das Mittagessen nahmen Justus und Elfriede in dem aus Goethes »Faust« bekannten »Auerbachs Keller« ein, das Abendessen in »Zilles Tunnel«. Hier hatte Justus als Tischnachbarn zufällig einen Kollegen aus Bayern, der einen eigenen Weinberg besaß und begeistert von den Geheimnissen des Weinanbaus und der Weinverkostung erzählte.

In Dresden, der liebevoll »Elbflorenz« genannten Hauptstadt von Sachsen, waren es die im Krieg stark zerstörten, inzwischen zum großen Teil wieder hergestellten Bauwerke, die zu einem geschichtlich wertvollen Rundgang einluden: Frauenkirche, Zwinger (mit der Gemäldegalerie »Alte Meister«), Semperoper, Brühlsche Terrasse, Königsschloss und Hofkirche. Besondere Aufmerksamkeit verdient auch der berühmte Fürstenzug an der Außenmauer des restaurierten Stallhofes, der ganz in der Nähe des Theaterplatzes und damit der Semperoper liegt. Selten sind Prachtbauten und Kunstschätze in einer solchen Fülle in einer einzigen Stadt vereinigt. Dresden galt deshalb zu Recht seit je her als eine der schönsten Großstädte Deutschlands. Ein kurzer Busausflug führte schließlich noch zu dem von August dem Starken erbauten, etwa 10 km von Dresden entfernten Jagdschloss Moritzburg, das in den Farben des sächsischen Barock erstrahlt und in dem die für die Darstellung der leidenden und geknechteten Menschen bekannte Grafikerin Käthe Kollwitz die letzte Zeit ihres Lebens verbracht hat. Ihre frühe Radierung »Begrüßung« hatte Justus zu Hause neben seinem Schreibtisch hängen.

* * *

Gleich zwei neue Bundesländer umfasste der nächste 4-Tage-Ausflug: Brandenburg und Mecklenburg-Vorpommern. Justus und Elfriede waren im Ferienhotel Templin in der Ueckermark untergebracht und machten von da aus sternförmig mehrere Tagesausflüge mit dem Bus. Auf dem Weg zum Spreewald durchquerten sie die Schorfheide und brachen dann zu einer zweistündigen Kahnpartie auf, bei der die zahllosen Wiesen, Seen und Mischwälder an ihnen vorbeizogen. Unterwegs unterhielt sich Elfriede mit ihrer Bootsnachbarin darüber, dass Spreewälder Gurken doch wohl die besten seien. Leider regnete es und die vielen aufgespannten Schirme nahmen etwas von der Sicht; jedoch hatte der Bootsführer eine überzeugende Tröstung parat: »Freuen Sie sich, dass es regnet, sonst könnten Sie es hier vor lauter Mücken gar nicht aushalten.«

Ziel des nächsten Tages war Potsdam, die Landeshauptstadt Brandenburgs. Auf den Spuren Friedrichs des Großen wanderte man durch den Park von Sanssousi am Grab des Königs und seiner Lieblingshunde vorbei zum neuen Palais und besuchte anschließend auch noch den Cecilienhof, die historische Stätte des Potsdamer Abkommens. Die Rückfahrt erfolgte über die traditionsreiche Autorennstrecke »Avus« durch Berlin in nördlicher Richtung nach Templin zu erholsamen Abendstunden im Hotel und seiner großen Grünanlage.

Der dritte Ausflug führte durch die pommersche Seenlandschaft zu der Hansestadt Ueckermünde, von da mit dem Schiff durch die Uecker und das Oder-Haff nach Trezbiez in Polen, einem Vorhafen von Stettin. Dort stand der Bus bereit, der die Reisenden zum Hotel zurück brachte. Die Rückfahrt durch die mit einem ganz eigenen Reiz ausgestatteten Landstriche Nordwestpolens und Mecklenburg-Vorpommerns war erholsam und erlebnisreich zugleich.

* * *

Europäische Hauptstädte

Außer den Kurzreisen in die neuen Bundesländer, bei denen jetzt nur noch Sachsen-Anhalt fehlte, setzten Justus und Elfriede ihre schon vor der Pensionierung begonnene Übung fort, in Kurztrips nacheinander europäische Hauptstädte zu besuchen.

Angefangen hatte alles mit einer einwöchigen Tour nach Rom, eines der ältesten und bedeutendsten Kulturzentren der Erde. Ein schmuckes kleines Hotel am Rande des Universitätsgeländes, das mit einladenden Terrassen in einer baumbestandenen Gegend lag, aber gute Verkehrsanbindungen hatte, bot dem Ehepaar Müller für sieben Tage einen gemütlichen Aufenthalt. Bei der Fülle römischer Sehenswürdigkeiten hieß es von vornherein, eine vernünftige Auswahl zu treffen.

Die Stadtrundfahrt am ersten Vormittag führte unter anderem zum Quirinal-Palast, zum Trevi-Brunnen, zum Pantheon-Tempel und zur Engelsburg, immer begleitet von aufschlussreichen Kommentaren der deutschsprachigen Fremdenführerin. Auf der Brücke zur Engelsburg (auch Engelsbrücke genannt) freute sich Justus darüber, dass heiße Maroni, die er zu Hause nur auf dem Weihnachtsmarkt bekam, angeboten wurden. Einer solchen Verlockung konnte er nicht widerstehen.

Nachmittags ging es von der Station Termini aus zum Kolosseum (dem früheren Amphitheater), weiter zum Palatin (einem der sieben Hügel Roms) und letztlich zum Forum Romanum, dem damaligen Zentrum des politischen Lebens. Elfriede schrieb eine Karte an die Kinder: »Es ist alles wunderbar, aber auch anstrengend. Im Kolosseum tummeln sich zutrauliche Katzen und beleben das alte Gemäuer. Übrigens: Die Albaner Berge haben wieder Neuschnee.«

Am nächsten Morgen ging die Fahrt mit dem Bus über die Via Appia zur Katakombe St. Sebastian, einer unterirdischen Begräbnisanlage der ersten Christen. Elfriede schrieb: »Heute durch die Katakombe St. Sebastian ›gekrochen‹. Stellt euch vor, ein Kleinfriedhof 30 m tief und 12 m lang. Gott sei Dank ging die Führung nicht über die ganze Strecke. Es soll sich übrigens um das erste

Grab von Petrus und Paulus handeln.« Nachmittags besichtigte man noch die Wasserspiele der Villa d'Este (Weltkulturerbe) in Tivoli sowie eine Gemmenschnitzerei.

Einer der Höhepunkte der Reise war am folgenden Tag die Welt des Vatikans mit einer Generalaudienz des Papstes. Man musste sich in den hinteren Reihen schon ganz schön strecken, um etwas mitzubekommen. Dann erfolgte die mit Spannung erwartete Führung durch den Vatikan. Der prächtige Petersdom, die berühmten Fresken Michelangelos in der Sixtinischen Kapelle und die ganze Athmosphäre rund um den apostolischen Palast hinterließen unvergessliche Eindrücke.

Die Tage vergingen wie im Fluge, zumal zwischendurch noch ein Ausflug nach Neapel, Capri und Pompeji eingelegt wurde. Nach den letzten Besichtigungen (Borghese-Park, Spanische Treppe, Nationaldenkmal) bildete ein Abendessen in der Altstadt von Rom jenseits des Tiber (trastevere) einen gelungenen Abschluss der Reise.

* * *

Ein kleines Hotel im Willemsparkweg war bei der nächsten Städtefahrt, die nach Amsterdam führte, das ebenso gepflegte wie heimelige 3-Tage-Domizil für Justus und Elfriede. Die an der Amstel gelegene Hafen- und Hauptstadt der Niederlande, die nicht zugleich Regierungssitz ist, wird von verkehrsreichen Grachten durchzogen und bietet eine Fülle von geschichtlich interessanten Bauten. Der königliche Palast aus dem 17. Jahrhundert, der Dom (= Krönungskirche) und die aus dem 14. Jahrhundert stammende Alte Kirche sind hier in gleicher Weise zu nennen wie das Rembrandthaus, das Schifffahrtsmuseum und das Reichs-museum. Auch die früheren Befestigungsanlagen, die alte Stadt-mauer und der Münzturm verdienen Beachtung. Mit Erstaunen hört man, dass der Stadtkern von Amsterdam, die heutige Altstadt, im 13. und 14. Jahrhundert in Sumpfgelände auf Pfählen erbaut wurde und sich seit dem 17. Jahrhundert zum Welthandelsplatz entwickelte. Die auch »Venedig des Nordens« genannte Altstadt beeindruckt durch ihre Patrizierhäuser, Plätze und den »Dam« sowie durch zahlreiche repräsentative Backsteinbauten. All dies lädt zu längerem Verweilen ein.

Justus und Elfriede ließen sich zunächst durch die Stadt treiben und waren dann von einer großen Grachtenrundfahrt richtig be-geistert. Die an den Seiten und nach oben hin völlig verglasten Schiffe erlaubten einen freien Rundblick und boten Gelegenheit, auf bequeme Art und Weise die urigen Seiten von Amsterdam in Ruhe zu genießen. Manches bei der Kanalfahrt erinnerte etwas an frühere Gondelfahrten in Venedig.

Das Mittagessen nahmen Justus und Elfriede in einem ganz beson-deren Lokal ein, nämlich in dem mit 1,28 m Breite »schmalsten Restaurant der Welt«. Von diesem aus dem 17. Jahrhundert stam-menden Restaurant (»De Groene Lanteerne«) hatten sie schon viel gehört und betraten mit Spannung das wie eingepfercht wir-kende Schmalhaus, dessen Fassade nicht viel breiter war als die Eingangstür. Sie bestaunten die Wendeltreppe, den alt-holländi-schen Kamin und die Eichentische, die aus den Treppenstufen einer alten Kirche aus dem 14. Jahrhundert angefertigt worden waren. Das von der freundlichen Bedienung in alt-holländischer Kleidertracht aufgetischte Essen mundete ausgezeichnet.

An Museen und sonstigen Sehenswürdigkeiten war in Amsterdam eine reiche Auswahl. Außer dem bereits genannten Schifffahrtsmuseum boten sich das Tropenmuseum, das städtische Museum und insbesondere das Reichsmuseum zum Besuch an. Auch eine Führung durch das Anne-Frank-Haus war möglich, ebenso der Besuch einer Ausstellung über Delfter Keramik und die Besichtigung einer Diamantschleiferei. Als sich Müllers abends über die Tageserlebnisse unterhielten, meinte Elfriede, am besten habe ihr das Rijksmuseum und dort das Gemälde »Die Nachtwache« von Rembrandt gefallen.

Am letzten Tag machte das Ehepaar einen Ausflug in die Umgebung. Zuerst wurde der nördlich von Amsterdam gelegene Ort Alkmaar angefahren, der durch seinen traditionellen Käsemarkt bekannt ist und eine malerische Altstadt mit spätgotischen Bauten aufzuweisen hat. Selbstverständlich durfte eine Käseprobe an Ort und Stelle nicht fehlen. Hier trat im Übrigen auch eine holländische Trachtengruppe auf, die einheimische Tänze vorführte und anschließend in Holzschuhen (»Klotschen«) Touristenartikel feilbot.

Nächste Station war der 10 km südwestlich von Amsterdam gelegene Flughafen Schiphol, wo Justus und Elfriede auf der Restaurant-Dachpromenade ausruhten und dem Flugbetrieb zusahen. Dabei kamen sie mit einem älteren Hern ins Gespräch, der ihnen erzählte, er sei kürzlich beinahe auf den bekannten »Enkeltrick« hereingefallen. Als Elfriede fragend dreinschaute, erläuterte Justus den Begriff: »Von einem Enkeltrick spricht man, wenn sich ein angeblicher Angehöriger telefonisch meldet, eine augenblickliche Notsituation schildert und dringend um finanzielle Hilfe bittet.« Der ältere Herr nickte und erzählte weiter, es sei aber Gott sei Dank noch alles gut gegangen; er habe den Anrufer durch Fangfragen zu den verwandtschaftlichen Verhältnissen schnell bloßgestellt. Elfriede meinte: »Vielleicht wäre es noch besser gewesen, zum Schein auf den Anrufer einzugehen und die Polizei zu verständigen; dann hätte man doch den Betrüger sicher erwischt!«. Nach kurzem Hin und Her waren sich alle darüber einig, dass in einem solchen Falle – zumal wenn man als älterer Mensch allein wohnt – jedenfalls Vorsicht geboten ist.

* * *

Als weitere europäische Hauptstadt stand Wien auf dem Programm, die weltberühmte österreichische Donaumetropole. Nach einer einleitenden kleinen Rundfahrt mit dem Fiaker, bei dem Justus und Elfriede einen ersten Eindruck von der gemütlichen Wiener Lebensart, aber auch der eleganten Kulturstadtathmosphäre erhielten, begann die Einzelbesichtigung der zahlreichen Sehenswürdigkeiten. Ausgangspunkt war der überwiegend gotische Stephansdom im Zentrum der Stadt, der weithin sichtbar zu einer Besteigung des knapp 137 m hohen Südturms mit seinen 343 Stufen einlädt. Für Ältere ist es sicher mehr zu empfehlen, den Lift im Nordturm zu nehmen, besonders wenn man anschließend noch eine Innenbesichtigung des Doms vorhat. Wie stolz die Wiener auf ihren Dom sind, zeigt schon die liebevolle Bezeichnung »Steffl«. Hier hängt auch die größte Glocke Österreichs, die »Pummerin«.

Die Innenstadt von Wien, die wegen ihrer historischen Bedeutung zum Weltkulturerbe erklärt worden ist, wird eingeschlossen vom »Ring«, einem breiten Straßenzug mit zahlreichen Prachtbauten: Staatsoper, Hofburg, Museen, Parlament, Rathaus, Burgtheater und Universität. Die Hofburg am Heldenplatz, das frühere kaiserliche Schloss, ist Amtssitz des Bundespräsidenten. Zur Wiener Hofburg gehören unter anderem die Nationalbibliothek und die Spanische Hofreitschule. Hier hatten Justus und Elfriede Gelegenheit, einer Trainingsstunde der weißen Lipizzaner beizuwohnen. Die tänzerische Eleganz der Tiere und die Akkuratesse ihrer Übungen faszinierte die Zuschauer und vermittelte eine Hochstimmung eigener Art. Als Elfriede um eine Kaffeepause bat, entschieden sie sich für das Hotel Sacher, wo sie eine Melange mit Schlagobers zu sich nahmen. Die Vielzahl der Kaffeehäuser, Zuckerbäckereien und Straßencafés bringt, so stellten sie bei ihrem weiteren Spaziergang fest, die typische und traditionelle Wiener Gemütlichkeit so richtig zum Ausdruck.

Am nächsten Tage suchten Müllers das Kunsthistorische Museum am Maria-Theresienplatz auf, das den Besucher schon sofort nach dem Betreten überrascht, nämlich durch den prächtigen Stiegenaufgang mit Fresken und Skulpturen. Dann folgt die eigentliche Gemäldegalerie, die reich ist an kunsthistorischen Glanzpunkten: Bilder von Raffael, Rembrandt, Dürer und Tizian sind ebenso vorhanden wie die größte Sammlung von Bruegels Werken. Im gegenüberliegenden Naturhistorischen Museum kann man unter anderem eine beeindruckende Dinosaurier-, Elefanten- und Bärenausstellung bewundern. Nach soviel Kunst und Historie hatten sich Justus und Elfriede einen Gugelhupf (Stück Napfkuchen) verdient.

Den Abschluss dieses Tages bildete zunächst eine kurze Besichtigung des von Friedensreich Hundertwasser in seiner ganz eigenen Architektur geschaffenen Hauses, das mit seiner fröhlichen Fassadengestaltung geradezu eine Märchenwelt zaubert. Da das Haus bewohnt ist, konnte es nur von außen betrachtet werden. Dann ging es weiter zum Prater, dem Volkspark auf der Donauinsel; denn Justus wollte unbedingt einmal das Riesenrad sehen, das mit seiner Höhe von 61 m ebenfalls ein Wahrzeichen von Wien ist und aus seinen Gondeln einen weiten Panoramablick über die Stadt und ihre Umgebung ermöglicht. Anfang der 50er-Jahre hatte er den Film »Der dritte Mann« mit Orson Welles gesehen, in dem das Riesenrad eine wichtige Rolle spielte.

Die Reise endete am nächsten Tag mit einer Rundfahrt durch die Umgebung Wiens, wobei insbesondere das Lustschloss Schönbrunn, die Zweitresidenz der Habsburger, besucht wurde. Die Prunkräume, das Kutschermuseum und und der große Barockgarten ließen das Hofleben in der kaiserlichen Zeit anschaulich wieder auferstehen. Abends ging es dann zum Heurigen ins dörflich wirkende Grinzing, einem Ort im Außenbezirk von Wien. In einem seiner rustikal gestalteten Lokale nahmen Justus und Elfriede Platz und tranken bei typischer Schrammelmusik das eine oder andere Glaserl Wein (»Grüner Veltliner«). Am nächsten Morgen merkte man dann mit schwerem Kopf, dass man – entgegen der Warnung der Schrammelmusikanten – die Wirkung dieses zünftigen Getränks doch wohl unterschätzt hatte.

Elfriede lachte: »Auch bei Städtereisen sollte man sich nicht zuviel vornehmen; wir sind ja keine dreißig mehr!« Justus machte seine Freiübungen am offenen Fenster weiter und rief zurück: »Ja,ja; aber so alt sind wir doch nun wirklich nicht.« Wie so oft bei ihren Touren fiel ihnen auch diesmal der Abschied vom Zielort nicht leicht.

* * *

Weitere kurze Städtereisen führten in der Folgezeit Justus und Elfriede nach Paris, Brüssel und Prag. Andere europäische Hauptstädte lernten sie bei Landausflügen auf ihren Kreuzfahrten kennen, so zum Beispiel Athen, Budapest, Lissabon, Stockholm und Helsinki. Als nächste Ziele für Städtereisen hatten sie sich Kopenhagen und Warschau vorgenommen.

Badekur

Justus hatte in der vergangenen Nacht wieder einmal schlecht geschlafen. Husten und Atembeschwerden quälten ihn, das Jucken der Augen zeigte den Beginn des jährlichen Heuschnupfens an und wegen rheumatischer Schmerzen in Armen und Beinen hatte er streckenweise nicht auf der Seite liegen können. Gleich morgens suchte er seinen Internisten auf und bat, obwohl der Jahrescheck noch nicht anstand, um eine gründliche Untersuchung. Nachdem diese durchgeführt war, sagte ihm der Arzt, das Lungenemphysem habe sich zwar nicht vergrößert und der Blutdruck sei dank der regelmäßigen Tabletteneinnahme in Ordnung. Die anderen Werte aber, insbesondere die vom EKG und von der Lungenfunktionsprüfung, gefielen ihm gar nicht. Er rate Justus dringend, eine mindestens dreiwöchige Inhalations- und Badekur durchzuführen, und zwar am besten mit gleichzeitiger Luftveränderung. Er schlage Bad Reichenhall in Oberbayern vor und werde einen Untersuchungsbericht für den dortigen Kurarzt fertigen.

Als Justus mit diesem Ergebnis nach Hause kam, war Elfriede nicht gerade begeistert. Immerhin waren sie in den fünf Jahrzehnten ihrer Ehe noch nie so lange voneinander getrennt gewesen. Sie unterstützte die Anregung des Arztes aber sofort und sagte. »Das kommt zeitlich ja gut aus; Anfang des nächsten Monats wollte ich ohnehin mit meinem Doppelkopf-Klub eine Woche nach Oberstdorf fahren.« Damit waren die Weichen gestellt. Justus nahm – da eine Beihilfefähigkeit für die Kur nicht in Betracht kam und die private Krankenkasse nur einen kleinen Kulanzzuschuss vorsah – die erforderlichen Buchungen für Reise und Unterkunft auf eigene Kosten vor und fand sich schon wenige Tage später in einer kleinen Hotel-Pension mit Familienbetrieb in Bad Reichenhall wieder.

* * *

Der ringsum von Bergen umgebene Kurort ist ein staatlich anerkanntes Solbad mit Gradierwerk und schon nach dem ersten Eindruck ein ganz bezauberndes Fleckchen Erde. Kurz vor der österreichischen Grenze und wenige Kilometer von Salzburg entfernt zieht der Ort Kurgäste und Touristen in gleicher Weise an. Nach Rücksprache mit dem Pensionsinhaber entschied sich Justus für einen in der Nähe praktizierenden Kurarzt und suchte diesen gleich am ersten Morgen auf. Nach gründlicher Untersuchung und nochmaliger Lungenfunktionsprüfung erhielt er seinen Kurplan:

- Täglich (außer sonntags) Rauminhalation und Apparateinhalation mit verschiedenen Medikamenten;
- 3 × wöchentlich ein Sole-Vollbad mit Medikamentenzusatz und anschließender Liegekur;
- 3 × wöchentlich Ultrakurzwellen-Bestrahlung;
- 2 × wöchentlich Oberkörper-Massage.

Die Inhalationen und Bäder erfolgten in einem großzügig ausgestatteten Badehaus, die Oberkörper-Massagen bei einem selbstständig tätigen Masseur und die Bestrahlungen in der ärztlichen Praxis. Sofort nach Erledigung der Eingangsuntersuchung begannen die verordneten Inhalationen.

Für die Rauminhalation wurde eine »Nebelkammer« hergerichtet, d. h., es verbreitete sich innerhalb weniger Minuten ein mit bestimmten Medikamenten versetzter Schwaden in einem kleinen Einzelraum und Justus konnte darin 20 Minuten lang, auf einem gemütlichen Stuhl sitzend und ruhig ein- und ausatmend, vor sich hindösen. Der Nebel in der Kammer war zuletzt so dicht, dass man die eigene Hand nicht mehr vor den Augen sehen konnte. Diese von manchen Kurgästen wenig beliebte Anwendung war für Justus ausgesprochen beruhigend und für die Atemwege direkt befreiend. Danach kamen die Apparate-Inhalationen an die Reihe, die aus jeweils 10 Minuten Nasen- und Mundinhalation bestanden. Auch hier wurden zuvor jeweils die vom Arzt verordneten Medikamente dem Inhalationssud beigefügt. Besonders das Inhalieren durch die Nase war etwas unangenehm und anstrengend. Dies reichte für den Anfang, zumal Justus noch einige Erledigungen (Besorgung der Kurkarte usw.) vor sich hatte.

* * *

Der nächste Tag war vollgepackt mit Anwendungen: zunächst die eben beschriebenen Inhalationen. Dann das Sole-Vollbad mit anschließender Liegekur, wobei sich Justus erst daran gewöhnen musste, in dem doppelten Bade- und Massagezimmer sich völlig unbekleidet vor dem ausschließlich weiblichen Personal zu bewegen. Schließlich – nach Mittagessen und Mittagsruhe – die mit

Aufwärmung halbstündige Oberkörper-Massage durch den recht kräftig zupackenden Masseur sowie die viertelstündige Bestrahlung in der Arztpraxis.

Sein Abendessen nahm Justus, der im Hotel nur Halbpension hatte, auswärts ein und hatte schon bald mehrere hierfür besonders geeignete Lokale ausfindig gemacht. Heute ging er in ein nach Einrichtung und Bedienung urgemütliches Kellerlokal und kam dort schon bald mit einem »Kurkollegen« ins Gespräch. Herr Sattelmüller war etwa gleichaltrig, kannte Bad Reichenhall wie seine Westentasche und wies darauf hin, hier gebe es abends auch Seniorenteller. Justus machte von diesem Tipp gerne Gebrauch und fragte, was der Kurort denn an anwendungsfreien Tagen zu bieten habe. Herr Sattelmüller lobte ganz besonders die Kurkonzerte und empfahl außerdem eine baldige Gondelfahrt auf den Predigtstuhl, den Hausberg Reichenhalls; weiter seien ein Besuch des alten Sole-Werks und die sonntäglichen Busausflüge in die nähere oder weitere Umgebung, die ständig angeboten würden, wirklich lohnend. Er selbst habe noch am letzten Sonntag eine Tauernrundfahrt über Kitzbühel, Zell am See und Saalfelden mitgemacht und sei sehr zufrieden gewesen.

Justus hatte draußen auf der Werbetafel eines Busunternehmens gelesen, dass am nächsten Sonntag eine 5-Seen-Rundfahrt stattfinden solle. Als er dies Herrn Sattelmüller erzählte, war man sich schnell einig, gemeinsam an diesem Ausflug teilzunehmen. Noch lange wurde an diesem Abend geplaudert, wobei das Thema Gesundheit im Mittelpunkt stand.

»In letzter Zeit«, so klagte Herr Sattelmüller, »habe ich Schwierigkeiten mit den Augen. Bisher brauchte ich nur eine Lesebrille, aber jetzt erkenne ich auch gute Bekannte auf der anderen Straßenseite nicht mehr. Beim Fernsehen muss ich die Augen zusammenkneifen, um das Bild und insbesondere den Text des Laufbandes klar sehen zu können.«

»Ähnliche Erfahrungen habe ich auch gemacht«, erwiderte Justus,»meine Frau hat mir schon lange geraten, zum Augenarzt zu gehen. Ich denke an eine zweigeteilte oder auch eine stufenlose Brille.«

»Im Übrigen«, fuhr Herr Sattelmüller fort,»meine ich beim Fernsehen neuerdings, es sprächen immer mehr Leute undeutlich und leise. Wenn ich aber den Fernseher so einstelle, dass ich alles gut verstehe, ist meiner Frau das zu laut.«

Auch diese Erfahrung konnte Justus nur bestätigen und meinte: »Es gibt ja heute Gott sei Dank kleinste Hörgeräte mit toller Wirkung. Wir Weißhaarige sollten dafür nicht zu eitel sein.«

»Apropos eitel«, sagte Herr Sattelmüller,»als kürzlich eine junge Frau in der Straßenbahn aufstand und mir ihren Platz anbot, habe ich dankend abgelehnt. Und wenn ich mit meiner Enkelin am Hauptbahnhof ohne anzuhalten eine Treppe hochsteige und oben außer Puste bin, lasse ich mir nichts anmerken. Irgendwie sind wir Alten wirklich zu eitel.«

»Was meinen Sie«, ergänzte Justus zustimmend,»warum ich immer den Stockschirm bei mir habe? Weil ich nicht den Eindruck erwecken will, dass ich zum Gehen einen Stock nötig habe, der Schirm aber sich meistens wetterbedingt von selbst versteht.«

Herr Sattelmüller lachte verständnisvoll und nach einigem weiteren Geplauder ging man zufrieden auseinander. Vom Hotel aus rief

Justus noch schnell seine Frau an und berichtete ihr von dem Tagesablauf. Dann schlief er ruhig ein in der festen Überzeugung, dass er mit dem Kurantritt die richtige Entscheidung getroffen hatte.

* * *

Die folgenden drei Wochen gestalteten sich ganz nach dem verordneten Kurplan. Die Tage waren mit Anwendungen weithin gefüllt und die verbleibende Freizeit verbrachte Justus im Kur-Konzertsaal sowie mit Spazierengehen, Lesen und Schachspielen. Er hatte nämlich mit Freude festgestellt, dass die Mitglieder des örtlichen Schachvereins sich regelmäßig im Kurhaus trafen und dort – an kleinen und großen Brettern – mit Kurgästen Schach spielten. Eine bessere Freizeitbeschäftigung während der Kur hätte er sich gar nicht wünschen können. An den Sonntagen nahm er am Gottesdienst und am feierlichen Morgenkonzert im Kurhaus teil. Nachmittags fuhr er mit dem Bus nach Salzburg oder ging ins öffentliche Thermalbad zum Schwimmen.

Auch der mit Herrn Sattelmüller verabredete Ausflug zum Dachsteingebirge fand statt, wo man auf der Rückfahrt über Bad Ischl und Sankt Gilgen an fünf Seen vorbeikam, unter anderem am Wolfgangsee und am Mondsee. Bei diesem Ausflug hatten Justus und Herr Sattelmüller, der mit vielen interessanten Hinweisen den Reiseführer spielte, wieder Gelegenheit zu eingehenden Unterhaltungen. Diesmal ging es darum, dass man im Alter nicht neidisch sein solle auf andere, denen es gesundheitlich besser geht, dass man als »Weißhaariger« möglichst jede Rechthaberei vermeiden solle und dass man nicht – sei es mit bestimmten Lebensweisen oder mit Hilfe von allen möglichen Medikamenten – ängstlich versuchen solle, das Leben zu verlängern.

»Wir sollten«, sagte Herr Sattelmüller abschließend, »als weise Alte nicht ›auf jung‹ machen, sondern uns mit Gelassenheit dazu bekennen, dass es keine ewig vitalen Lebenskünstler geben kann. Unser Streben kann nur dahin gehen, das Leben – so, wie es sich nun einmal für jeden einzelnen darstellt – sinnvoll zu gestalten.«

Nachdenklich verabschiedete man sich und wünschte beiderseits einen guten Kurerfolg.

Als Justus nach Ablauf der drei Wochen zu Hause ankam, empfing ihn Elfriede nicht nur herzlich, sondern irgendwie auch erwartungsfroh. Sie trug eine bayrische Strickjacke, die sie in Oberstdorf erworben hatte, und die ihr wirklich gut stand. Justus bemerkte dies und machte ihr, noch bevor einer von ihnen mit dem Erzählen begann, ein schönes Kompliment. Dabei dachte er an eine Unterredung, die er einmal mit Herrn Sattelmüller über Harmonie in der Ehe geführt und in der dieser geäußert hatte: »Man sagt ja, dass Frauen mit den Ohren lieben; mit anderen Worten: sie wollen ab und zu ein ehrlich gemeintes Kompliment hören, sei es über ihr persönliches Aussehen, ein gut gelungenes Essen oder eine neue Bluse. Wir Männer sind in dieser Beziehung häufig allzu unaufmerksam.« Dies hatte sich Justus zu Herzen genommen.

Spiel und Sport

Justus hatte seit je in einer sportlichen Familie gelebt. Bereits sein Vater war ein begeisterter Wanderer und Bergsteiger und die eigenen Kinder fühlten sich in mehreren Sportarten heimisch: Tennis, Fußballspielen und Golf gehörten hierzu ebenso wie Rollschuhlaufen und Eistanz. Die im Lateinunterricht gelernte Sentenz

»Mens sana in corpore sano« hatte er immer schon als Appell für eine gesunde Ausgewogenheit von geistiger und körperlicher Betätigung verstanden. Seit die Kinder aus dem Hause waren und insbesondere seit Eintritt in den Ruhestand war der aktive Sport für Justus und Elfriede allerdings deutlich zurückgegangen.

Zunächst hatte man noch gemeinsam und mit viel Freude gekegelt und war stolz darauf, wenn die Außenbauern getroffen wurden oder alle Neune fielen. Auch die mehrtägigen Ausflüge aus der Kegelkasse machten großen Spaß. Nach und nach aber wurde der Kegelklub, wie an anderer Stelle berichtet, aus Alters- und Krankheitsgründen, später auch durch Todesfälle immer kleiner und löste sich schließlich auf beziehungsweise verwandelte sich in ein monatliches Treffen außerhalb der Kegelbahn. Danach lag das Schwergewicht sportlicher Betätigung für Elfriede eindeutig beim Tennisspielen und für Justus bei mehrstündigen Wanderungen, gelegentlich auch beim Radfahren und Schwimmen. Noch kürzlich hatte ihm ein Arzt gesagt, gerade im Alter sei nicht nur viel Bewegung in frischer Luft wichtig, sondern auch ein gezieltes Training zur Stärkung der Bauch-, Rücken- und Schultermuskulatur zu empfehlen. Zu dem vorgeschlagenen Kurs für Wirbelsäulengymnastik konnte Justus sich aber bisher nicht entschließen.

Dagegen hatten sich Müllers inzwischen, wie mit ihren Freunden Britta und Karl vereinbart, zu einem Tanzkursus angemeldet und freuten sich über die Auskunft, es würden dort – neben den für sie neuen Tänzen wie Samba, Twist und Lambada – auch alte Gesellschaftstänze unterrichtet, also auch Walzer, Tango, Foxtrott und Slowfox. Gern dachten sie an die Zeit zurück, als Tanzen zu ihrer Lieblingsbeschäftigung gehörte und sie auf einem Stiftungsfest seiner Verbindung eine Flasche Wein als ersten Preis für einen gewonnenen Tanzwettbewerb erhalten hatten. Solange es gesund-

heitlich ging, wollten sie nun, darüber waren sie sich einig, der wieder entdeckten Freude am Tanzen nachgehen. Dies war jedenfalls eine gesunde und zugleich gesellige Art, nicht ganz einzurosten.

Darüber hinaus rundeten täglicher Frühsport am offenen Fenster und gelegentliches Tischtennisspielen das Bemühen ab, sich fit zu halten. Neben solcher aktiven sportlichen Betätigung gewann mit zunehmendem Alter der »passive Sport« immer mehr an Bedeutung, sei es das Zuschauen bei einem spannenden Fußballspiel oder die oft stundenlangen Fernsehübertragungen von Winter- oder Sommermeisterschaften. Besonders die olympischen Spiele und die Weltmeisterschaften hatten es ihnen angetan und reizten zu ständiger passiver Beteiligung. Justus war dabei erstaunt, wie gut sich Elfriede bei der Vielzahl der Übertragungen auskannte und die einzelnen Wettkämpfer nach Namen und Rangliste oft genau im Kopf hatte.

* * *

Der Übergamg vom Sport zum Spiel kann fließend sein. Ballspiel, Kegelspiel und sonstige Bewegungsspiele können beim Wettkampf körperlichen Einsatz bis zum Letzten verlangen, bei anderen Gelegenheiten aber auch eine rein ausgelassene Freizeitbeschäftigung sein. Kartenspiel, Brettspiel und sonstige den geistigen Einsatz verlangenden Spiele haben mit Sport im eigentlichen Sinne nichts zu tun, sind aber für den Menschen nicht weniger wichtig. Wie lautet noch der weise Ausspruch von Schiller? »Der Mensch ist nur da ganz Mensch, wo er spielt.«

Und Spielen wurde bei Justus und Elfriede auch nach dem Eintritt in den Ruhestand ganz groß geschrieben. Jeder hatte schon seit einiger Zeit seine eigene Doppelkopfrunde, auf die er sich alle zwei Wochen freute: Justus mit seinen (inzwischen ebenfalls pensionierten) Berufskollegen, Elfriede mit den Damen ihres Tennisklubs. Außerdem hatte Justus eine Skatrunde und mehrere Schachpartner, während Elfriede seit vielen Jahren im Kirchenchor sang, zu Hause leidenschaftlich gern Rätsel löste und sich einem weiteren Hobby widmete, der Pflege ihrer Blumenbeete.

Schließlich brachte eine Neuanschaffung zusätzliche Möglichkeiten der spielerischen Freizeitgestaltung: An Stelle des alten Computers erwarb Justus einen Laptop mit Internet-Anschluss und konnte nun mit auswärtigen Partnern Dame und Schach spielen. An diesem Laptop löste er jetzt auch das täglich wechselnde Sudoku-Rätsel und spielte im Übrigen gern die verschiedenen Stufen des Spider-Solitär-Programms. Der Schreibtisch behielt also auch als »Spielwiese« seine Anziehungskraft. Darüber hinaus freute sich Elfriede, dass Buchungen und Reisevorbereitungen, Schriftverkehr und Bilderaustausch mit Enkeln, Wein- und sonstige Bestellungen zum großen Teil auf diese Weise vereinfacht wurden. Beide Eheleute stellten mit Erstaunen fest, dass entgegen ursprünglicher Annahme für irgendwelche Langeweile im Ruhestand keinerlei Platz war.

Lesen

Eine der für Justus liebsten Beschäftigungen war das Lesen. Was gab es Schöneres, als sich – aller beruflichen Pflichten ledig und ungestört von der Umwelt – in eine gemütliche Leseecke zurückzuziehen und in ein Buch zu vertiefen. Dabei war er sich darüber im Klaren, dass Lesen im Rentenalter nicht dazu da ist, sich weiterzubilden oder gar die Zeit totzuschlagen; denn er hatte als Ruheständler weder ein gesteigertes Bildungsbedürfnis noch auch nur den geringsten Anlass, Langeweile zu vertreiben. Vielmehr war es reine Leselust, die ihn immer wieder zum Buch trieb und ein ganz wesentliches Stück Lebensfreude vermittelte.

Anders als bei Zeitungen jeder Art, bei denen die Information im Vordergrund steht und auf die auch ein älterer Mensch im Alltag kaum verzichten kann, geht es bei der Lektüre eines Buches darum, längere Zeit bei einem bestimmten Lesestoff zu verweilen und dem Autor bei seiner Darstellung innerlich zu begegnen. Voraussetzung hierfür ist die richtige Auswahl im Einzelfall. Hier war Justus flexibel. Je nach Stimmung und Befindlichkeit griff er bei der einen Gelegenheit nach Biografien, Reiseberichten oder etwa einer Anthologie mit humorvollen und satirischen Beiträgen, bei anderer Gelegenheit nach anspruchsvollem Schrifttum aus den Gebieten Geschichte, Politik, Religion oder Philosophie. Manche Bücher, besonders Romane seiner Lieblingsschriftsteller, hatte er im Laufe der Jahre bereits zwei- oder dreimal gelesen und merkte dabei, dass oft erst das wiederholte Lesen letzte Feinheiten in Sprache und Geschehensablauf offen legt.

Es gab aber auch das eine oder andere Buch in seiner Hausbibliothek, das nur angelesen war oder schon längere Zeit vergeblich auf der Warteliste stand. Insoweit setzte sich Justus, anders als früher, grundsätzlich nicht mehr unter Druck. Ob er sich, nach Einsicht in Vorwort und Klappentext, bei der Anschaffung selbst »verkauft« oder das Buch geschenkt bekommen hatte, war gleich; eine moralische Leseverpflichtung bestand für ihn in keinem Falle. Zeitschriften oder kurze Erzählungen las Justus am liebsten während der Mittagsruhe oder abends vor dem Einschlafen, spannende Krimis dagegen auf Reisen oder am Ferienort. Lesestoff war immer parat; die Bücherwelt war für ihn seit der Pensionierung zur zweiten Heimat geworden.

Insgesamt, so meinte Elfriede, übertreibe Justus wohl sein Lesehobby; er solle ja kein Einzelgänger werden. Justus sah das anders: Aus der Leseratte der Jugendjahre und dem berufsbedingten Vielleser der aktiven Zeit war im Ruhestand ein rundum zufriedener Lesegourmet geworden.

Ahnenforschung

Wie schon an anderer Stelle angedeutet, hatte Justus noch ein weiteres Hobby, die Ahnenforschung. Was er während der aktiven Dienstzeit begonnen, aber wegen Zeitmangels unterbrochen hatte, setzte er nach Eintritt in den Ruhestand zielstrebig und freudig fort.

Bisher hatte er nur die väterliche Linie verfolgt und war auch da an Grenzen gestoßen. Die Vorfahren stammten vom Niederrhein und hatten dort rechtsrheinisch seit dem Ende des dreißigjährigen Krieges zunächst drei Generationen lang einen Hof bewirtschaftet. Die Vornamen der Familienväter lauteten Hendrick, Balthasar und Rüdiger. Die Geburts- und Taufdaten sowie die Heirats- und Sterbedaten hatte Justus an den verschiedensten Stellen ermittelt, so insbesondere im NRW-Staatsarchiv Münster und im Bistumsarchiv Münster. Dort konnte er auch die alten Grundbücher einsehen. Zum Vater des bisher als ältesten Vorfahren ermittelten Hendrick lagen keinerlei Unterlagen mehr vor, da die Kirchenbücher erst ab 1648 begannen.

Der 1717 geborene Landwirt Rüdiger (auch Rodger genannt) hatte mit seiner Frau Elisabeth drei Kinder, von denen der 1742 geborene Sohn Johannes Heinrich im Jahre 1766 auf die andere Rheinseite »auswanderte«. Dort heiratete er Catharina, mit der er fünf Kinder hatte, darunter als ältesten Sohn den 1775 geborenen Rutgerus. Ab 1782 taucht Johannes Heinrich, wie Justus im Personenstandsarchiv in Schloss Brühl ermittelte, aus den verschiedensten Anlässen in den amtlichen Aufzeichnungen auf, so unter anderem als Pate und Trauzeuge, manchmal mit dem gewandelten Namen Joan Henrich. 1786 wird in der Gerichtsakte Kleve/Xanten eine Abstandszahlung an ihn erwähnt und 1798 nahm er eine Hypothek von 225 Reichstalern auf. In der Mairie de Veen wird Johann Heinrich, wie Justus im Hauptstaatsarchiv Düsseldorf erfuhr, als Bürger von Birten aufgeführt und sein Alter mit 60 Jahren angegeben. Diese Aufzeichnung stammt aus dem 11. Jahr der französischen Republik; da die neue Zeitrechnung nicht bereits mit dem Revolutionsjahr 1789, sondern erst am 22.9.1792 begann, entspricht dies dem Jahre 1802. Der neue Kalender, in dem übrigens auch die Monate neu benannt wurden, galt 12 Jahre lang, hatte also bereits 1804 sein Ende gefunden.

Der Landwirt Rutgerus, der Ururgroßvater von Justus, heiratete 1804 Johanna Katharina und hatte mit ihr vier Kinder. Das älteste dieser Kinder, der 1805 geborene Sohn Johann Heinrich, heiratete 1830 auf einen anderen Hof ein, den er bis zu seinem Tode bewirtschaftete.Sein Sohn Rütger Wilhelm Franz (geb. 1851) und sein Enkel Johann Heinrich Leonhard (geb. 1881), der Vater von Justus, interessierten sich nicht mehr für die Landwirtschaft und schlugen die Beamtenlaufbahn ein.

Inzwischen haben sich bei Justus Berge von Unterlagen angesammelt, die in aufwendiger Kleinarbeit zusammengestellt werden mussten. Hierzu war sowohl eine umfangreiche Korrespondenz mit Archiven, Pfarrämtern und Gemeindeverwaltungen als auch manche Ermittlungsarbeit an Ort und Stelle erforderlich. Nur um ein paar Zahlen herauszubekommen oder zu verifizieren, ist manchmal ein unverhältnismäßig groß erscheinender Aufwand erforderlich. Aber: Die Mühen der Recherchen werden für den engagierten Ahnenforscher schon durch den kleinsten Erfolg aufgewogen!

So wird es auch bei der nächsten Reise in die Vergangenheit sein, wenn Justus beginnt, die mütterliche Linie zu erforschen. Die Vorarbeiten für den Plan, auch hier die Wurzeln herauszufinden, sind bereits getroffen. Elfriede schüttelt manchmal den Kopf und meint etwas mitleidig: »Das kann auch nur ein Sammler verstehen.«

Siebtes Kapitel

Sommer in Tirol
Eine Erinnerungsreise

Wieder einmal stellte sich bei Justus und Elfriede das traute Gefühl ein, in ihrer zweiten Heimat angekommen zun sein. Seit nun schon über 40 Jahren machten sie in jedem zweiten Sommer Urlaub in Tirol, zunächst mit den Kindern, dann mit den Enkeln und seit einiger Zeit auch allein. Mit dem Autoreisezug waren sie von Düsseldorf nach Innsbruck gekommen, sahen sich beim Aussteigen, überwältigt wie immer, in die Berge der Nordalpen wie eingebettet und fuhren langsam die wenigen Kilometer zu dem ihnen so vertrauten Bergdorf hoch, das am Fuße des Patscherkofel auf der sogenannten Sonnenterrasse Innsbrucks liegt.

Jede Straßenbiegung, jeder Kirchturm, der hinter der nächsten Kurve auftauchen musste, jeder Aussichtspunkt auf der Strecke war ihnen bekannt und der Empfang in der kleinen Hotel-Pension wie immer herzlich. Justus beschlich in solchen Augenblicken manchmal der Gedanke, irgendwann werde es die letzte Reise dieser Art sein; aber die Freude auf die bevorstehenden drei Wochen verdrängte diesen Gedanken und vergoldete den gemeinsamen Plan, alle diejenigen Orte, mit denen sich die schönsten Erinnerungen verbanden, noch einmal aufzusuchen.

* * *

Die Erinnerungstour begann am ersten Ferientag mit einem Streifzug durch Innsbruck, der Hauptstadt Tirols. Hier hatten sie bei ihrem Urlaub 1969 die von Kaiserin Maria Theresia im 18. Jahrhundert erbaute Hofburg besichtigt, deren Riesensaal mit prachtvollen Gemälden ausgestattet ist und zu der auch der gepflegte, im Sommer reizvoll beleuchtete Hofgarten sowie der Leopoldsbrunnen gehören. Eine weitere Sehenswürdigkeit war die im 16. Jahrhundert erbaute Hofkirche mit ihren 28 lebensgroßen Erzstandbildern, die allgemein »Schwarze Mander« genannte werden und den Sarkophag Kaiser Maximilians umgeben. Elfriede erinnerte sich noch gut daran, wie es damals der kleinen Tochter beim Anblick dieser großen dunklen Figuren unheimlich geworden war und sie an ihrer Hand Schutz gesucht hatte.

Weiter ging es über die berühmte Maria-Theresien-Straße, die im Süden durch die imposante Triumphpforte abgeschlossen wird und in deren Mitte eine barocke Mariensäule steht. Diese war zum Dank für die Befreiung von feindlicher Belagerung zwar als Mariensäule errichtet worden, trägt aber den Namen Annasäule, weil sie im Jahre 1703 am Annatag eingeweiht wurde. Nächster Anlaufpunkt war das über 1000 qm große Rundgemälde, das damals besonders bei den Kindern große Beachtung fand und, wie sich Justus noch erinnerte, pro Person 10 Schilling Eintritt kostete. Es handelt sich dabei um ein in einem Rundbau untergebrachtes Riesengemälde der großen Schlacht am Bergisel vom 13. August 1809, das die von dem Tiroler Freiheitskämpfer Andreas Hofer angeführte blutige Auseinandersetzung naturgetreu wiedergibt.

Der anschließende Rundgang durch das mittelalterliche Zentrum Innsbrucks führte zum Goldenen Dachl, das aus rund 3500 vergoldeten Kupferplatten besteht und einen um das Jahr 1500

120

erbauten Erker von erlesener Schönheit schmückt. Dort war Justus seinerzeit mit den Kindern auch auf den 56 m hohen Stadtturm gestiegen, der aus dem 14. Jahrhundert stammt und in dessen Nähe mehrere prachtvolle Bürgerbauten stehen. Ein weiter Rundblick über die Altstadt belohnte das etwas mühevolle Treppensteigen. Unten auf dem Vorplatz hatten die Kinder dann ein Eis schlecken dürfen, während Justus in aller Ruhe das Haus mit dem Goldenen Dachl und einige der herrlichen Nachbarbauten fotografierte. Den Abschluss der unmittelbaren Altstadtbesichtigung bildete ein Besuch des Tiroler Landesmuseums Ferdinandeum, das reiche kunst- und naturgeschichtliche Sammlungen enthält und in dem sich auch eine Andreas-Hofer-Ehrenhalle befindet.

Aus der näheren Umgebung Innsbrucks, die in den folgenden Tagen wiederentdeckt wurde, war es insbesondere die Gondelauffahrt zur gewaltigen Nordkette, auf die sich Justus und Elfriede freuten. Die Nordkette beherrscht geradezu majestätisch die Stadt und das weite Inntal und wirkt von unter her wie ein Schutzwall. In drei Abschnitten geht es über die oberhalb des Alpenzoos gelegene Hungerburg und die als Skiparadies bekannte Seegrube hinauf zum Hafelekar, zu einem einmaligen Aussichtspunkt in den Nordalpen. Diesen erreicht man von der Gipfelstation aus nach einer kurzen Steigung zu Fuß.

Von bettelnden Bergdohlen umschwärmt, steht man auf einer Art Aussichtsplattform und schaut nach Süden hin über ganz Innsbruck und den leicht serpentinenartigen Verlauf des großen »grünen« Flusses mit dem reizenden Inntal. Über Stadt und Tal hinaus geht der Blick dann auf die grandiose und grenzenlos erscheinende Bergwelt der Alpen. Nach wenigen Schritten um die Plattform herum hat man einen anderen Aussichtsstandort erreicht und sieht nunmehr von dort aus in nördlicher Richtung auf das Karwendelgebirge. Die Kinder hatten bei dieser Gelegenheit, wie Elfriede sich erinnerte, hier oben mit viel Freude einige Bergschafe gestreichelt und gefüttert. Die für die damaligen finanziellen Verhältnisse der Familie Müller nicht gerade billige Berg- und Talfahrt hatte sich jedenfalls gelohnt.

Mittagspause machten die Eheleute in einem zünftigen Lokal in der Altstadt, wo es für Justus einen Tafelspitz und für Elfriede Kartoffelpuffer mit Lauchgemüse gab. Auf der Rückfahrt zu ihrem Urlaubsort machten sie noch einen Abstecher zur Tiroler Ruhmesstätte Bergisel, eine im Süden von Innsbruck gelegene Anhöhe oberhalb des Klosters Witten. Dieser kleine bewaldete Hügel wurde durch die Bergisel-Schlachten zum Wahrzeichen des Tiroler Freiheitskampfes. Hier befinden sich auch das Denkmal für Andreas Hofer, die Kaiserjäger-Gedächtniskapelle und die Tiroler Ehrenhalle. Wer sich für die Geschichte Tirols interessiert, sollte weder das bereits genannte Rundgemälde noch die historischen Bergisel-Gedächtnisstätten versäumen.

* * *

Nach der doch etwas strapaziösen Stadtbesichtigung war ein Ruhetag angesagt. Elfriede sprach von »Sonnendeck« und meinte damit den Liegestuhl, der auf der gepflegten Wiese hinter der Hotel-Pension auf sie wartete. Hier hatten früher die Kinder und später die Enkel herumgetollt und im neu gebauten Schwimmbad Wasserball gespielt oder erste Schwimmversuche unternommen. Hier fühlte sich Elfriede wohl und hatte bei Bedarf auch Gelegenheit zum Plaudern.

Justus machte derweil einen kleinen Spaziergang zur nahe gelegenen Gletscherkapelle, neben der eine einladende Bank stand. Dort saß er immer gern, hatte aus einer Höhe von knapp 1000 m den weiten Blick auf die Nordkette und hinunter auf Innsbruck und las in Ruhe seine Tageszeitung. Ein schöneres Plätzchen hierfür war seiner Meinung nach weit und breit nicht zu finden. Auch die Starts und Landeanflüge am Innsbrucker Flughafen konnte er von hier aus gut beobachten. Früher hatte er hier einmal mit den Kindern gesessen und ihnen, als sie nach der eigentümlichen, einem versteinerten Menschenbild ähnlichen Felsgebilde auf der Nordwand fragten, die Sage von der Frau Hitt erzählt. Diese, eine Riesenkönigin in grauer Vorzeit, soll zur Strafe für frevelhaften Umgang mit der Gottesgabe Brot zusammen mit ihrem Kind in ein mahnendes Felsbildnis verwandelt worden sein. Hieran musste Justus jetzt denken, als er »Frau Hitt« in der klaren Ferne wieder vor sich sah. Besonders freute er sich nun auf das Mittagsgeläut und tatsächlich erklangen um 12 Uhr wie eh und je aus vier verschiedenen Richtungen die Glocken der umliegenden Ortskirchen.

Danach war es Zeit, wieder aufzubrechen; denn man hatte sich für 12 ¾ Uhr an einem der idyllischen Landgasthöfe verabredet. Dort gab es heute die beliebten Eierschwammerln (Pfifferlinge) mit Semmelknödeln, für beide ein Festessen. Nach dem Mittagsschlaf und einem gemütlichen Kaffeestündchen mit den freundlichen Wirtsleuten bummelten Justus und Elfriede langsam durch den Ort, verweilten kurz vor dem mit Lüftl-Malerei reich verzierten Bauernhof, den im Mai 1969 Königin Elisabeth II. von Großbritannien besucht hatte, und statteten der Kirche und dem Friedhof einen Besuch ab. Mancher Bekannte hatte hier inzwischen seine letzte Ruhe gefunden. Weiter schauten sie sich den neu hergerichteten Tennisplatz an, auf dem Elfriede früher an manchem Match beteiligt war, und gingen schließlich an der alten Dorfbühne vorbei, wo sie gemeinsam köstliche Theaterstücke gesehen hatten. An die jeweils dreiaktigen Lustspiele »Der verkaufte Großvater« und »Der keusche Josef«, zu denen unter dem Motto »Herzhaft Lachen ist gesund« eingeladen worden war, konnten sie sich noch gut erinnern.

Abends fand dann das Platzkonzert statt, bei dem einmal wöchentlich die Trachtenkapelle der Schützen einen Tiroler Abend veranstaltete, bei dem Einheimische und Gäste in bunter Reihe zusammen saßen. Zum Tiroler Abend gehörten Schuhplattler und Volkstänze ebenso wie Heimatlieder, Zitherspiel und natürlich Obstler der Marketenderinnen. Auch wurden bei dieser Gelegenheit die Stammgäste des Ortes durch eine kurze Ansprache des Bürgermeisters und Überreichung eines schönen Dorfbildes geehrt. Die 10-Jahres-Ehrung der Familie Müller lag nun schon lange zurück, das Erinnerungsbild aber hing nach wie vor zu Hause in ihrer Diele.

* * *

An den folgenden Tagen suchten Justus und Elfriede verschiedene Wanderziele der früheren Zeit auf, jetzt allerdings teilweise mit dem Auto. Da war zum einen der zweistündige Weg am Herzsee vorbei durch Wiesen, Felder und Wälder zur Teufelsmühle, einer mitten im Wald an einem steil herabstürzenden Bach liegenden Mühlenruine, an deren Wand ein Teufelsbild die Kinder erschreckte. Der Sage nach hatte ein armer Bauer die Mühle mit Hilfe des Teufels errichten wollen und ihm in einer Wette, die den Zeitpunkt der Fertigstellung betraf, seine Seele versprochen. Der Teufel verlor die Wette und schleuderte aus Wut hierüber den Mühlstein ins Tal. Der arme Bauer aber frohlockte, besorgte sich einen anderen Mühlstein und betrieb die ohne Geld errichtete Mühle, die seitdem Teufelsmühle heißt.

Von hier aus ging die Wanderung weiter bis zur Wallfahrtskirche Judenstein. Der Weg dorthin war stets voller Stechfliegen, unter denen besonders Elfriede, die unentwegt mit ihrem Taschentuch wedelte, zu leiden hatte. Wenn sie am Ziel ankam und mehrfach gestochen war, meinten die Kinder, die Mutti habe zu süßes Blut. Unterwegs musste man noch eine Landstraße überqueren, an deren Biegung ein großer Verkehrsspiegel aufgestellt war. Spätestens hier nahm Justus das jeweils jüngste Kind oder Enkelkind auf die Schulter, weil jeder sich mal in dem Spiegel sehen wollte und zudem der restliche Weg für die kleinen Beine ohnehin ein wenig mühselig war. In der Gaststätte am Zielort gab es dann für jeden eine ordentliche Portion Kaiserschmarren.

Eine andere Wanderung führte zum Lanser See mit Minigolf-Anlage, Bootsverleih und großer Liegewiese und von da weiter rund um die bewaldeten, langsam ansteigenden »Lanser Köpfe«. Wer bis zu den Gipfeln stieg, hatte einen herrlichen Rundblick über den Innsbrucker Talkessel und auf die »Sonnenterrasse Innsbrucks«. Die Kinder blieben allerdings am liebsten unten im Wald und fütterten die zutraulichen Eichhörnchen.

Sehr beliebt war auch die knapp zweistündige Wanderung nach Heiligwasser, der Mittelstation auf dem Patscherkofel. Ein schöner Waldweg führte vom Tennisplatz aus zunächst leicht und dann steiler ansteigend an sämtlichen Kreuzwegstationen vorbei zur »Steinernen Stiege« und dann nochmals aufwärts zum Kirchlein und zum Berggasthof »Heiligwasser«. Eine breite Aussichtsterrasse, auf der auch gespeist wurde, gab den Blick weithin frei über ein bezauberndes Alpenpanorama. Die im 17. Jahrhundert erbaute Gnadenkapelle ist der Sage nach als Dank für wundersame Heilung errichtet worden und hat eine in einen Brunnen eingebaute Quelle, aus der noch heute das »Heilige Wasser« fließt. So ist es nicht verwunderlich, dass an den Wänden der Kirche als Dank für Genesung verschiedene Votivtafeln zu finden sind. Für Besucher liegt ein Gästebuch aus, in das sich die Mitglieder der Familie Müller gelegentlich eingetragen haben. Dass die erwachsene Tochter dort auch einmal auf der Orgel spielen durfte, war ein besonderes Erlebnis.

* * *

Justus und Elfriede waren nun schon eine Woche lang in ihrem Feriendomizil und saßen wieder einmal zum Nachmittagskaffee mit den Wirtsleuten Franzl und Marie zusammen. Die Worte gingen hin und her. Gesprächsthema waren nicht nur die Kinder und deren Familien, Fragen der Gesundheit sowie die beiderseitige Gestaltung des Ruhestandes, sondern auch die gemeinsamen Erlebnisse der vergangenen Zeit.

»Weißt du noch«, fragte Elfriede, »wie du einmal mit den Kindern einen Gletscher-Rundflug über die Oetztaler und Zillertaler Alpen gemacht hast und dass ihr dabei hier über das Haus geflogen seid?«
»Aber sicher«, sagte Justus, »das war ja mit euch so abgesprochen und der Pilot ist gern darauf eingegangen.«
»Und wir haben dann mit Betttüchern gewunken«, erinnerte sich Marie, »und die kleine Maschine ist ziemlich tief geflogen.«
»Jedenfalls war der Flug, manchmal so ganz nah an den Gletschern vorbei, ein unvergessliches Erlebnis«, schwärmte Justus.
»Im selben Jahr«, wechselte nun Franzl das Thema, »waren wir

alle zusammen auf der Hinterhornalm in der Nordkette und auf der Laponesalm im Gschnitztal. Da wäre die Tochter Helga auf dem Weg zur Tribulauner Hütte beinahe abgerutscht. Mir wird es jetzt noch heiß und kalt, wenn ich daran denke.« Marie bemerkte:»Ich glaube, das war auch die Zeit, als wir hier die ersten Drachenflieger gesehen haben.«

Die Unterhaltung ging munter weiter. So war die Rede vom gemeinsamen Kegeln, Skatspielen und »Fuchs-und-Henne-Spiel«, schließlich auch vom Föhn, der immer wieder den Kreislauf durcheinander brachte, die Blumenkästen am Haus gefährdete und bei einer Kaffeestunde in Neustift/Stubaital sogar die Sonnenschirme durch die Luft gewirbelt hatte. Selbst einen plötzlichen Hagelsturm, bei dem sie ihr Autodach mit Wolldecken und alten Teppichen schützen mussten, hatten sie hier schon erlebt.

Auf einmal – Elfriede hatte schon darauf gewartet – wandte sich Justus an Franzl und fragte ihn, was er davon halte, wenn sie beide noch einmal zusammen den Zirbenweg gehen würden. Es war dies immer einer der Höhepunkte im Tiroler Urlaub gewesen und Elfriede hatte schon vor Tagen zu Justus gesagt, für sie selbst sei die Wanderung inzwischen zu anstrengend; er solle sich doch einmal an Franzl wenden. Dieser war sofort einverstanden und man vereinbarte die Unternehmung schon für den nächsten Tag.

* * *

Der Zirbenweg in Tirol gilt als einer der schönsten Höhenwege in der Zweitausender-Region der Nordalpen. Er ist Wanderweg und Lehrpfad zugleich, weist den prächtigsten alpinen Zirbenbestand auf und führt in knapp drei Stunden von der Bergstation der

Glungezer-Bahn (2100 m) zur Bergstation der Patscherkofelbahn (1965 m). Der gefahrlose und auch von älteren Wanderern gern benutzte Höhenweg bietet unentwegt zauberhafte Aussicht, angenehme Ruheplätze und zahlreiche Tafeln mit Hinweisen auf den einzigartigen Pflanzen- und Tierbestand.

Nun also ging es los. Elfriede brachte die beiden Wanderer, die mit zünftiger Ausrüstung wie Kniebundhosen, Wanderschuhen, Stöcken und Wetterjacken versehen waren, zur Talstation in Tulfes. Von dort führte die Glungezer Sesselbahn, deren Benutzung einen ersten kleinen Höhenrausch vermittelt, in zwei Sektionen bis zur Glungezer Bergstation Tulfein, d.h. zum Beginn des Zirbenweges. Als Justus jetzt aus dem Sessellift stieg, dachte er als Erstes an die Zeit vor mehr als 35 Jahren zurück. Damals (1975) hatte er sich vom Fremdenverkehrsverband einen Wanderpass ausstellen lassen, wonach neun verschiedene Ziele zu erreichen waren und der Wanderer dann, wenn er sich an allen Zielen einen Stempel geholt hatte, die goldene Wandernadel erhielt. Die 2600 m hoch gelegene Glungezer Hütte war dabei die schwierigste dieser Aufgaben und Justus hatte sie seinerzeit in Begleitung von Franzl gelöst.

Heute aber sollte nicht der Gipfel erstiegen, sondern der hier in Tulfein beginnende Zirbenweg erwandert werden. Bei dem guten Wetter waren relativ viele Touristen in beiden Richtungen unterwegs. An einer kleinen Gedächtniskapelle vorbei, der Justus einen kurzen Besuch abstattete, führte der Weg nun in lang gezogenen Serpentinen gut begehbar in westlicher Richtung. Justus fühlte sich, 2000 m hoch über dem Inntal und entlang der Baumgrenze, wie ein König und genoss mit Bedacht den weiten Ausblick und die reine Bergluft. Man merkte es bei jeder Begegnung: Groß und Klein waren hier oben in reinster Ferienlaune. Entgegenkommende, seien es Einheimische oder Gäste, grüßten sich freundlich mit

»Grüß Gott« und das passierte in der Minute mehrmals; die Kinder hatten den Zirbenweg deshalb schon vor Jahren stets den »Grüß-Gott-Weg« genannt.

Immer wieder machte Franzl auf Besonderheiten aufmerksam: Bergvögel der verschiedensten Art, Alpenrosen, Enzian, Murmeltiere und – etwas abseits vom Wege – ausgefallene Steinformationen und ideale Ruheplätze. Auch die lehrreichen Hinweistafeln, die einen interessanten Einblick in die Natur der Bergwelt und ihre komplexen Zusammenhänge boten, las Justus in Ruhe durch. Ergänzende Fragen beantwortete Franzl gern.

Nach knapp zweistündiger Wanderung kamen sie an der Zwischenstation Boscheben an, saßen auf der vorgebauten Aussichtsterrasse mit Blick ins Viggartal und genehmigten sich einen Almdudler nebst Obstler. Hier gab es auch einen Abzweig vom Zirbenweg zum tiefer gelegenen Meißner-Haus mit der Möglichkeit, von dort entweder über den »Almenweg 1600« zum Grünwalder Hof oder am Mühlenbach entlang bis ins Tal und zur Poststation St. Peter zu gelangen. Justus, der diese Route schon mehrfach gegangen war, erzählte, er habe noch vor wenigen Jahren zusammen mit seiner Enkelin das Meißner-Haus aufgesucht und dabei im Hüttenbuch Eintragungen von sich wiedergefunden, die lange Zeit zurücklagen.

Nach kurzer Ruhepause brachen sie wieder auf, setzten die Wanderung auf dem Zirbenweg mit ständig wechselnder Alpenflora fort und gelangten nach einer weiteren Stunde ans Ziel, die Bergstation am Patscherkofel. Dort wurden sie von Elfriede erwartet, die mit der Seilschwebebahn von Igls heraufgekommen war und hier oben schon einen kleinen Spaziergang hinter sich hatte. Gemeinsam wurde im Berghotel zu Mittag gegessen und gemeinsam fuhr man mit der Patscherkofelbahn, deren rundum verglaste Kabine einen umfassenden Ausblick auf Innsbruck und die das Inntal umgebende Bergwelt zuließ, nach Igls hinunter.

Am Nachmittag besuchten Justus und Elfriede noch das Schloss Ambras, das Erzherzog Ferdinand von Tirol im 16. Jahrhundert für seine Frau, Philippine Welser, im Renaissancestil erbauen ließ. Oberhalb von Innsbruck liegt das Schloss in einer großzügigen Parkanlage und bietet dem Besucher auf einladenden Promenadenwegen Ruhe und Entspannung. Auf eine Führung durch das Schloss, bei der unter anderem der Spanische Saal und die Kunst- und Wunderkammer gezeigt werden, verzichteten Justus und Elfriede diesmal, weil sie das Schloss in den vergangenen Jahren schon mehrfach besucht hatten. Nach dem ereignisreichen Ablauf des Vormittags hielten sie es für besser, sich heute auf den stillen Naturschlosspark mit seinen Teichen, Grotten und Ruhebänken zu beschränken. Ein Tagesausklang nach Maß!

* * *

Die zweite Ferienwoche war verschiedenen Ausflugsfahrten mit dem Auto gewidmet. Es sollten – jeweils nach einem Ruhetag – vornehmlich solche Ziele angesteuert werden, mit denen Justus und Elfriede besondere Erinnerungen verbanden.

Die erste Tour ging an der beschaulichen Klosterkirche Ampass vorbei über Wattens, wo sie seinerzeit ein schönes Trachtenfest ausgiebig mitgefeiert hatten, zur Kanzelkehre mit der bekannten Aussichtsterrasse (Blick auf Inntal und Zillertal) und danach weiter zum Achensee, dem größten Gebirgssee Tirols. Hier lockte – mit Zwischenstation in Pertisau – eine Dampferfahrt rund um den

See. An einer solchen Bootsfahrt hatte vor vielen Jahren auch der spätere Schwiegersohn zusammen mit ihnen einmal teilgenommen. Auf der Rückfahrt überquerten sie die zum Brenner führende Autobahn und bummelten in südlicher Richtung durch das reizende Zillertal bis Mayrhofen. Von da aus waren sie damals bis Hintertux weitergefahren. Jetzt erzählten sie sich von dem spannenden Trip in der Gondel der Zillerbahner Gletscherbahn. Auf dem Heimweg, der über die alte Knappenstadt Schwaz führte, machten sie in der Tiroler Salzstadt Hall eine kurze Kaffeepause und dachten daran zurück, wie sie in früherer Zeit bei der Stadtbesichtigung von Hall die grünen Kupferdächer der Türme, die winkeligen Gassen und die erkergeschmückten Häuser bestaunt und auch das Doppelkirchlein am Langen Graben besucht hatten, in dessen unterem Geschoss, der ehemaligen Gruftkapelle, noch ein original romanisches Kreuzgewölbe zu sehen war. Als weitere Sehenswürdigkeit der Stadt galt die Pfarrkirche St. Nikolaus, die mit ihrem Turm und ihrem mächtigen Steildach das Stadtbild beherrscht.

Die zweite Tour führte die beiden in das Hochtal der Axamer Lizum, den Ausgangspunkt zahlreicher Bergtouren. Ob zum Hoadl, zum Birgitsköpfli oder zur Muttereralm (von der man damals noch mit der Gondelbahn abwärts fahren konnte): Jeder Anstieg war verlockend, zeigte die Bergwelt in unverfälschter Schönheit und blieb über Jahre hinweg in bester Erinnerung.

Auf der dritten Tour wollten Justus und Elfriede wieder einmal den ungewöhnlichsten Friedhof Europas besuchen, einen Friedhof, auf dem niemand begraben ist, sondern der angefüllt ist mit kuriosen Grabkreuzen jeder Art. Dieser Museumsfriedhof liegt in Kramsach zwischen Kufstein und Innsbruck, wurde von einem einheimischen Schmiedemeister errichtet und enthält zahlreiche von ihm gesammelte schmiedeeiserne Grabkreuze mit ausgefallenen Grabinschriften. Hier einige Beispiele:

Es ruhet die ehr- und tugendsame Jungfrau
Genoveva Voggenhuberin
betrauert von ihrem einzigen Sohn

Hier ruht Adam Lentsch
26 Jahre lebte er als Mensch
und 37 Jahre als Ehemann

Hier liegt Martin Krug
der Kinder, Weib und Orgel schlug

Hier liegt mein Weib, Gott sei's gedankt,
oft hat sie mit mir gezankt,
oh, lieber Wanderer, geh gleich fort von hier,
sonst steht sie auf und zankt mit Dir!

Wenn man mehrere Dutzend dieser aus dem 18. und 19. Jahrhundert stammenden Grabinschriften gelesen hat, ist die anfangs sich einstellende Befangenheit über den respektlos wirkenden Umgang mit dem Tod längst einem fröhlichen Gleichmut über den Humor früherer Generationen gewichen. Justus jedenfalls nahm die zum 20-jährigen Bestehen des Museumsfriedhofs herausgegebene Postkarte, auf der die Inschriften teilweise verzeichnet sind, zur fröhlichen Erinnerung mit nach Hause.

* * *

Die Tage der letzten Woche gingen schnell dahin. Noch einmal folgten Justus und Elfriede einem bequemen Teil des Speckbacherwegs am Waldesrand entlang, fuhren von Lans über die alte Römerstraße nach Patsch, um von dort die mächtige und elegante Europabrücke zu sehen und suchten schließlich noch einmal ganz kurz alle neun zur Innsbrucker Sonnenterrasse gehörenden Orte auf: Aldrans, Lans, Igls, Patsch, Ellbögen, Ampass, Sistrans, Rinn und Tulfes. Überall wussten sie für sich ein Lieblingslokal, überall ihre besonderen Anlaufpunkte in Wald und Feld. Hier hatten sie Waldbeeren und Pilze gesammelt, dort bei einer Wildfütterung zugesehen und wiederum an einer anderen Stelle die Landung von Paragleitern beobachtet. Die ganze Umgebung mit ihren schattigen Nadelwäldern, bunten Wiesen, sonnigen Anhöhen und einladenden Wegen war für sie irgendwie ein Stück Heimat geworden.

Seine Pläne, noch einmal den Patscherkofel ganz zu Fuß zu besteigen und die seit Jahren von ihm so geliebte, aber sehr strapaziöse 6-Almen-Tour durchzuführen, hatte Justus aufgegeben. Elfriede hatte zu bedenken gegeben, dass solche sich jeweils über den ganzen Tag hinziehenden Anstrengungen in seinem Alter doch wohl nicht das Richtige seien. Schweren Herzens nahm sich Justus, der dies einsah, sein altes Tagebuch vor, um – in Stille auf der Gletscherbank sitzend – zumindest in Gedanken die beiden Touren zu erleben.

Schnell nahte der Tag des Abschiednehmens. Koffer packen, ein letzter Kaffeeplausch mit den Wirtsleuten, ein lustiges Knobeln darum, wer auf der Rückfahrt im Schlafwagenabteil oben liegen sollte. Dann war es so weit. Winkend und wehmütig und doch überglücklich fuhren die Ruheständler heim.

Justus und Elfriede waren sich einig: Die Erinnerungsreise ins schöne Tirol war eine Sammlung der nachhaltigsten Erlebnisse aus vielen Jahren glücklich verlebter Zeit und damit ein Glanzpunkt ihres Ruhestandes.

Achtes Kapitel

20 Jahre Ruhestand (1991–2010)

Kurzer geschichtlicher Abriss

Es ist eine Erfahrungstatsache: Je älter der Mensch wird, desto weniger nimmt er inneren Anteil an dem, was aktuell in der Welt geschieht. Immer mehr geht der Blick zurück oder auf solche Ereignisse, die ihn oder sein Umfeld unmittelbar berühren. Hiergegen anzugehen und möglichst »am Ball zu bleiben«, kann man jedem älteren Menschen nur raten, und zwar sowohl in seinem eigenen Interesse als auch im Interesse der Allgemeinheit. Ob er – über die Ausübung seines Wahlrechts hinaus – noch in irgendeiner Weise gestaltend in das politische, wirtschaftliche oder kulturelle Leben eingreifen kann, ist hierfür zweitrangig.

Während seines inzwischen 20 Jahre währenden Ruhestandes hatte Justus – einer früheren Übung folgend – regelmäßig Tagebuch geführt und alle Ereignisse, die ihm besonders wichtig erschienen, aufgezeichnet. Diese Chronik nimmt er nunmehr gerne zur Hand, wenn ihn, was immer häufiger vorkommt, sein Erinnerungsvermögen etwas im Stich lässt. Vielleicht, so hofft er, können diese Aufzeichnungen später auch für die Kinder, Enkel und Urenkel von Interesse sein.

Tagebuch (Auszüge)

1991

Nach der im vergangenen Jahr erfolgten Wiedervereinigung steht Deutschland vor der schweren Aufgabe, die Mauerreste auch in den Köpfen zu beseitigen, d.h. die noch bestehenden Gräben zwischen Ost und West zu überwinden. Am 17. Januar bildet Helmut Kohl als erster gesamtdeutscher Bundeskanzler ein Kabinett, zu dem auch drei aus dem Osten stammende Minister gehören, darunter Angela Merkel. Das Stasi-Unterlagengesetz dient der Aufarbeitung der DDR-Vergangenheit. Die Justiz in den neuen Bundesländern muss neu aufgebaut werden; dabei helfen westliche (auch pensionierte) Richter, Staatsanwälte und Rechtspfleger mit.

Wirtschaftlich kann von »blühenden Landschaften« im Osten noch lange nicht die Rede sein, zumal die Einführung der Marktwirtschaft zunächst einmal auch Preis- und Mietsteigerungen sowie den Verlust vieler Arbeitsplätze zur Folge hat. Im Westen wird Europas größter Windpark bei Husum in Betrieb genommen und am 2. Juni die erste offizielle Fahrt eines ICE gestartet (von Altona nach München).

Am 27. Januar wird Boris Becker mit 23 Jahren bei den internationalen Tennismeisterschaften von Australien durch einen Sieg über Ivan Lendl zur Nr.1 der Tennis-Weltrangliste. Am 25. April hat Hape Kerkeling, als niederländische Königin verkleidet, seinen Auftritt vor Schloss Bellevue in Berlin. Musikalisch wird das Jahr 1991 (200 Jahre nach dem Tode von Wolfgang Amadeus Mozart) mit einer Vielzahl von Darbietungen zum reinsten Mozartjahr.

Im Ausland hat Gorbatschows Politik der Offenheit (Glasnost) und der Umgestaltung (Perestroika) nicht verhindern können, dass der Vielvölkerstaat Sowjetunion zerfällt. Am 12. Juni wird Jelzin zum russischen Präsidenten gewählt und am 21. Dezember die Gemeinschaft Unabhängiger Staaten (GUS) als Nachfolgerin der UdSSR gegründet. Auch der Vielvölkerstaat Jugoslawien zerfällt; es kommt – hauptsächlich wegen ethnischer Konflikte – zum Bürgerkrieg (Serbien gegen Slowenien und Kroatien). Am 17. Januar beginnt mit einer alliierten Luftoffensive der Golfkrieg zur Befreiung Kuweits. – Am 15. März tritt das Zwei-plus-Vier-Abkommen über die volle Souveränität des vereinten Deutschland in Kraft. Am 19. Dezember wird der Maastricht-Vertrag geschlossen, wonach die 12 EG-Staaten in eine Europäische Union (EU) übergeleitet werden.

1992

Ab 1. Januar hat jeder Betroffene das Recht, bei der »Gauck-Behörde« seine Stasi-Akten einzusehen. Zum Thema Umweltschutz sind Probleme wie Treibhauseffekt, Ozonloch und Sommersmog in aller Munde. Im Übrigen wird viel von Ausländerfeindlichkeit und Politikverdrossenheit gesprochen. Am 9. April gehen die Olympischen Spiele in Barcelona zu Ende, bei denen Deutschland 33 Goldmedaillen gewonnen hat. Am 8. Oktober stirbt Willy Brandt, der erste sozialdemokratische Bundeskanzler. Am 19. Oktober werden die beiden Grünen-Politiker Petra Kelly und Gert Bastian in ihrem Haus tot aufgefunden.

In Russland herrscht eine Wirtschaftskrise. Der Bürgerkrieg im früheren Jugoslawien geht weiter und eskaliert zum Teil in grausamer Weise. Am 3. November wird der Demokrat Bill Clinton als

Nachfolger von George Bush sen. zum amerikanischen Präsidenten gewählt. Am 25. November löst sich die Tschechoslowakei auf. Der 1918 gegründete Bundesstaat wird mit Wirkung vom 1. Januar 1993 in zwei selbstständige Staaten aufgespalten: Tschechische Republik (Tschechien) und Slowakische Republik (Slowakei). In Südafrika verkündet Präsident de Klerk das Ende der Apartheid-Politik; Nelson Mandela bestätigt den nach einer Volksabstimmung zustande gekommenen gemeinsamen Beschluss.

1993

Wirtschaftlich geht es besonders in den neuen Bundesländern abwärts. Insgesamt ist die Entwicklung so rückläufig, dass man von einer akuten Konjunkturkrise spricht. Alle neuen Bundesländer haben inzwischen den (westlichen) GVG-Gerichtsaufbau eingeführt; die sich hieraus ergebenden Umstellungsschwierigkeiten federt das Rechtspflege-Anpassungsgesetz ab. Das Familiennamensrechtsgesetz vom 16. Dezember bringt für den Fall der Ehescheidung grundsätzliche Änderungen. Heide Simonis wird erste Ministerpräsidentin in einem Bundesland (Schleswig-Holstein). Das Strafverfahren gegen den schwerkranken Erich Honecker wird eingestellt und seine Ausreise nach Chile gebilligt. Bei einem Tournier in Hamburg wird die Tennisspielerin Monika Seles (Nr. 1 der Weltrangliste) Opfer eines Messer-Attentats.

Im September unterzeichnen Rabin (israelischer Ministerpräsident) und Arafat (Chef der Palästinensischen Befreiungsfront) das Gaza-Jericho-Abkommen; der anschließende Friedensvertrag ist nicht zuletzt dem amerikanischen Präsidenten Bill Clinton zu verdanken. In Russland erfährt Jelzin innenpolitische Schwierigkeiten, gewinnt aber die ersten dortigen demokratischen Wahlen.

1994

Am 23. Mai wird Roman Herzog Bundespräsident. Die zweiten Bundestagswahlen nach der Wiedervereinigung ergeben eine schwarz/gelbe Regierungskoalition. Am 12. Juni findet die Europa-Wahl statt. Michael Schumacher wird Weltmeister in der Formel 1. Die Olympischen Winterspiele werden im norwegischen Lillehammer ausgetragen. Die Ostseefähre »Estonia« geht am 28. September auf der Fahrt von Tallin nach Stockholm bei schwerem Unwetter vor Finnland unter; hierbei ertrinken 852 Menschen.

Am 9. Mai wird Nelson Mandela der erste farbige Präsident in Südafrika. Arafat, Peres und Rabin erhalten den Friedensnobelpreis. Schweden, Finnland und Österreich treten der EU bei; Norwegen lehnt einen Beitritt ab. Der Eisenbahntunnel unter dem Ärmelkanal wird eröffnet. – Jelzin lässt am 11. Dezember russische Truppen in Tschetschenien einmarschieren. Der Bürgerkrieg im früheren Jugoslawien geht weiter.

1995

Ab 1. Januar dürfen – nach erfolgter Grundgesetzänderung – Bundespost, Bundesbahn und Lufthansa privatisiert oder auch teilprivatisiert werden. Am Niederrhein ist eine neue Hochwasserkatastrophe zu verzeichnen. Das Künstlerehepaar Christo verhüllt, nachdem hierzu endlich die Genehmigung erteilt worden ist, im Juni für zwei Wochen das Reichstagsgebäude in Berlin.

In sieben Staaten der EU (Belgien, Deutschland, Frankreich, Luxemburg, Niederlande, Portugal und Spanien) entfallen aufgrund des Schengener Abkommens sämtliche Grenzschranken. Der ausgehandelte Friedensvertrag für Bosnien-Herzegowina beendet den Bürgerkrieg im ehemaligen Jugoslawien. Im November wird der israelische Ministerpräsident Rabin bei einer Friedenskundgebung von einem rechtsradikalen Studenten erschossen.

Im »Tal der Könige« wird die bisher umfangreichste Grabanlage ägyptischer Pharaonen entdeckt.

1996

In Deutschland steigen die Arbeitslosenzahlen. »Sparpaket« wird das Wort des Jahres. Am 1. Juli wird in Wien das Abkommen über die lange vorbereitete Rechtschreibreform unterzeichnet. Durch Gesetz vom 28. Oktober werden die Gerichtsferien abgeschafft.

Der ghanaische Politiker Kofi Annan tritt sein Amt als neuer Generalsekretär der UNO an. Der britische Thronfolger Prinz Charles und seine Frau, Prinzessin von Wales, lassen sich scheiden.

1997

Am 26. April hält Bundespräsident Roman Herzog eine programmatische Rede und verlangt Reformfähigkeit. Bekannt geworden sind seine Worte: »Durch Deutschland muss ein Ruck gehen«.

Europa wird von einer Kältewelle heimgesucht. Im Juli kommt es zur Hochwasserkatastrophe an der Oder. Der Tschetschenien-konflikt endet (vorerst) durch den Abzug der letzten russischen Truppen.

Steffi Graf, bisherige Nr. 1 der Weltrangliste im Damentennis, wird von der Schweizerin Martina Hingis abgelöst. Schachweltmeister Kasparow verliert gegen den Schachcomputer. Am 31. August stirbt Lady Diana, Prinzessin von Wales, bei einem Autounfall.

1998

Der Euro soll kommen; im Mai beschließen 11 der 15 EU-Staaten die gemeinsame Währung, die am 1. Januar des folgenden Jahres – zunächst allerdings nur im bargeldlosen Verkehr – eingeführt werden soll. Am 1. Juli ist das Gesetz zur Reform des Kindschafts-rechts mit entscheidenden Änderungen zugunsten des Kindes-wohls in Kraft getreten. Gerhard Schröder löst Helmut Kohl nach dem SPD-Wahlsieg vom 27. September als Bundeskanzler ab.

Im Oktober sind erhebliche Einbußen an der Börse zu verzeichnen, vorwiegend durch Wirtschaftseinbrüche in Asien und Russland. Ebenfalls im Oktober kommt die Potenzpille Viagra in den deut-schen Handel.

Verstorben sind am 14. August der beliebte Showmaster Kulenkampff und am 25. Oktober die Sportreporter-Legende Maegerlein.

1999

Parlament und Regierung ziehen von Bonn nach Berlin um. Die Europäische Zentralbank (EZB) wird gegründet. Am 12. April stürzt die bisher als topsicher geltende Wuppertaler Schwebebahn ab; es gibt Tote und Verletzte. Am 13. Juni findet die Europa-Wahl statt. Am 11. August erleben Teile von Süddeutschland eine totale Sonnenfinsternis. Die Weltbevölkerung besteht, wie man im Oktober feststellt, zum ersten Mal aus mehr als 6 Milliarden Menschen.

Die NATO, der seit dem 12. März auch Polen, Ungarn und Tschechien angehören, führt einen Luftkrieg gegen den jugoslawischen Präsidenten Milošević, um die Unterdrückung der Bevölkerung im Kosovo zu beenden. In Tschetschenien nimmt Russland die Kriegshandlungen wieder auf. Am Jahresende tritt der russische Präsident Jelzin zurück; seine Amtsgeschäfte werden von dem designierten Nachfolger Putin übernommen. In der Türkei führt ein schweres Erdbeben mit mehreren Nachbeben zu vielen Toten und großen Schäden.

Die Spitzen-Tennisspieler Boris Becker und Steffi Graf geben ihren Rücktritt bekannt. Der Schriftsteller Günter Grass erhält den Literatur-Nobelpreis. Am 12. März stirbt der Violinist und Dirigent Yehudin Menuhin.

2000

An der Börse geht es zunächst aufwärts; der DAX hat die 8000-Punkte-Grenze überschritten, zeigt im Herbst aber wieder rasch fallende Kurse. Die Entwicklung des Euro ist zufriedenstellend.

Die Arbeitslosenzahl in Deutschland sinkt unter die 4-Millionen-Grenze. Am 13. Februar erhält die wieder aufgebaute Frauenkirche in Dresden ein neues Kuppelkreuz. Am 26. Februar spricht Bundespräsident Johannes Rau vor dem israelischen Parlament, der Knesset.

Am 7. Mai wird Putin, der Nachfolger von Jelzin, als russischer Präsident vereidigt. In Belgrad tritt Milošević am 5. Oktober zurück. Nach langen Streitdebatten um den Ausgang der Wahl wird George Bush jun. am 13. Dezember vom Obersten Gerichtshof der USA zum Wahlsieger erklärt. Am 2. November nehmen die ersten Astronauten die Raumstation ISS in Betrieb. Die Olympischen Spiele finden diesmal im australischen Sydney statt. Am 11. November kommt es zur Unfallkatastrophe einer vollbesetzten Tunneleisenbahn in Österreich (Kaprun) mit vielen Toten.

2001

Wichtige Rechtsänderungen im Bereich der Europäischen Union treten in Deutschland in Kraft, so z.B. die EG-Ehe-VO zur internationalen Zuständigkeit in Ehesachen. Ab Anfang des Jahres gibt es auch den Waffendienst für Frauen in der Bundeswehr. Am 30. Januar beantragt die Bundesregierung bei dem Bundesverfassungsgericht ein Verbot der NPD. In Brandenburg wird eine Sondereinheit des Bundesgrenzschutzes zur Bekämpfung des Rechtsradikalismus aufgestellt. Vier Deutsche, darunter der Vorsitzende der deutschen Bischofskonferenz Karl Lehmann, erhalten am 21. Februar in Rom die Kardinalswürde.

Am 20. Januar wird George Bush jun. als neuer amerikanischer Präsident vereidigt. – Die serbische Regierung liefert Milošević am 28. Juni an das Kriegsverbrechertribunal der UNO in Den Haag aus.

Am 11. September geschieht der unvorstellbare Terrorangriff aus der Luft auf das World Trade Center in New York und auf das Verteidigungsministerium in Washington. Insgesamt kommen mehr als 3000 Menschen ums Leben. Als Initiator und Auftraggeber des Anschlags wird der islamistische Fanatiker Osama bin Laden und seine Organisation Al-Qaida vermutet. Der am 7. Oktober folgende Kriegsbeginn in Afghanistan wird – als Reaktion auf die Attentate – eingeleitet durch Luftangriffe der USA auf die vermeintlichen Stützpunkte der Terrororganisation, insbesondere Kabul als Hauptsitz der fundamentalistischen Taliban. Am 27. November wird – nachdem die Hauptstadt Kabul durch die Nordallianz eingenommen war – eine Übergangsregierung gebildet mit dem afghanischen Politiker Hamid Karsai an der Spitze.

2002

Ab 1. Januar wird die Deutsche Mark (DM) auch im Bargeldbereich durch den Euro (EUR) als neue Währung ersetzt. Im Juni sind die Aktienanleger verunsichert und die Kurse auf Talfahrt. Mitte August kommt es zur Jahrhundertflut an der Elbe. In Dresden wird ein neuer Pegelhöchststand gemessen; auch der Zwinger und die Semperoper sind betroffen.

In den USA häufen sich die Fälle sexuellen Missbrauchs von Kindern durch Geistliche; am 23. April werden aus diesem Grunde die amerikanischen Kardinäle nach Rom einberufen.

2003

Am 18. März stellt das Bundesverfassungsgericht das Verbots-
verfahren gegen die NPD aus verfahrensrechtlichen Gründen ein.
Rund 1500 deutsche Bundeswehrsoldaten werden im Rahmen
der internationalen Schutztruppe ISAF zur Sicherheitsunterstüt-
zung in der afghanischen Hauptstadt Kabul eingesetzt.

Am 20. März beginnen die amerikanischen Streitkräfte den Krieg
gegen den Irak, nachdem die USA zuvor die irakische Führung
unter dem diktatorischen Präsidenten Saddam Hussein vergeblich aufgefordert hatten, das Land zu verlassen. Deutschland meldet Bedenken gegen die Kriegsführung an. Nach drei Wochen ist
der Irak militärisch besiegt; der Diktator allerdings hält sich ver-
borgen und wird erst im Dezember verhaftet.

2004

Horst Köhler wird als Nachfolger von Johannes Rau neuer Bun-
despräsident. Am 13. Juni ist Europa-Wahl. Am 23. April erhält
Papst Johannes Paul II. für seinen beachtlichen Einsatz im
Interesse der europäischen Integration den außerordentlichen
Aachener Karlspreis. Am 2. Juli wird das sogenannte Hartz-IV-
Gesetz (Zusammenfassung von Arbeitslosenhilfe und Sozial-
hilfe; jetzt Arbeitslosengeld II) beschlossen. Am 1. September
tritt das Erste Gesetz zur Modernisierung der Justiz in Kraft.
Neuer deutscher Bundestrainer im Fußball wird – als Nachfolger
von Rudi Völler – Jürgen Klinsmann.

Seit dem 1. Mai gehören zehn weitere Staaten zur Europäischen
Union (EU), die nunmehr insgesamt 25 Mitglieder hat. Durch ein

schweres Erdbeben im Indischen Ozean kommt es am 2. Weihnachtstag zu einem – besonders für Sri Lanka, Thailand und Indonesien verheerenden – Tsunami; eine durch ein Seebeben ausgelöste riesige Flutwelle führt zu einer Katastrophe, bei der über 230 000 Menschen getötet werden.

2005

Am 18. September findet eine vorgezogene Bundestagswahl statt, die zu einer großen Koalition führt. Die CDU-Vorsitzende Angela Merkel wird am 22. November als Bundeskanzlerin vereidigt und damit Nachfolgerin von Gerhard Schröder.

Papst Johannes Paul II. stirbt am 2. April nach langer Krankheit. Sein Nachfolger wird der deutsche Kurienkardinal Joseph Ratzinger, der am 19. April gewählt wird und sich den Namen Benedikt XVI. gibt. Der neue Papst kommt am 21. August zum Weltjugendtag nach Köln und predigt in der Abschlussmesse.

2006

Die Entwicklung auf dem Arbeitsmarkt ist erfreulich; dennoch beträgt die Zahl der Arbeitslosen immer noch knapp 4,5 Millionen. In Bad Reichenhall stürzt am 2. Januar – offenbar infolge schwerer Baumängel – eine Eissporthalle ein; es gibt zahlreiche Tote und Verletzte. Am 1. August tritt – nach mehreren Überarbeitungen – die nochmals reformierte Rechtschreibreform endgültig in Kraft. Am 5. Dezember kommt der kleine Eisbär Knut zur Welt. Die Eislaufmutter nimmt ihn nicht an; er wird von seinem Tierpfleger aufgezogen und alsbald zum Liebling der Nation.

Saddam Hussein wird am 5. November wegen Verbrechens gegen die Menschlichkeit zum Tode durch Erhängen verurteilt und am 30. Dezember hingerichtet.

2007

Am 18. Januar rast ein schwerer, als »Kyrill« bezeichneter Orkan über Deutschland hinweg und hinterlässt Tote und Verletzte sowie riesige Sachschäden. In allen öffentlichen Verkehrsmitteln besteht ab 1. September ein gesetzliches Rauchverbot; im Bahnhofsbereich werden besonders gekennzeichnete Raucherinseln eingerichtet. Im Übrigen gelten in den einzelnen Bundesländern unterschiedliche Regelungen zum Nichtraucherschutz.

Seit dem 1. Januar gehören Bulgarien und Rumänien ebenfalls zur EU, die nunmehr 27 Mitglieder hat. Am 21. Dezember treten neun Staaten dem Schengen-Abkommen bei, das heißt insbesondere: bei der Fahrt durch 24 europäische Länder bestehen jetzt keine Grenzkontrollen mehr.

2008

Im Mai Besuch des Dalai Lama in Deutschland; Irritationen im politischen Lager, ob und wer sich mit ihm treffen soll. Im August Olympische Sommerspiele in Chinas Hauptstadt Peking. Die SPD-Politikerin Andrea Ypsilanti wollte in Hessen eine Minderheitsregierung bilden, verzichtet aber am 8. November auf die Spitzenkandidatur.

Mit der Insolvenzanmeldung der amerikanischen Investmentbank Lehmann-Brothers beginnt im September die weltweite Finanzkrise.

2009

Im Januar wird die Abwrackprämie von 2.500 EUR eingeführt (bei Verschrottung eines alten und Kauf eines neuen Autos). Am 7. Juni findet die Europawahl statt. Nach langer Vorbereitung tritt am 1. September eine erneute Familienrechtsreform in Kraft, das Gesetz über das Verfahren in Familiensachen und in Angelegenheiten der freiwilligen Gerichtsbarkeit (FamFG). Es gibt nun – neben zahlreichen weiteren Änderungen – das Große Familiengericht. Die Bundestagswahl vom 27. September führt zu einer schwarz/gelben Koalition unter Führung von Angela Merkel. Außenminister wird Guido Westerwelle.

Seit dem 20.Januar ist Barack Obama neuer amerikanischer Präsident. Außenministerin wird Hillary Clinton.

2010

Am 12. Januar sucht ein schweres Erdbeben Haiti heim. Nach der Einschränkung der Tabakwerbung (2006) und Erlass eines Rauchverbots in öffentlichen Verkehrsmitteln (2007) gilt ab 1. Mai das Bundesgesetz zum Schutz vor Passivrauchen (verschärfte Vorschriften unter anderem über Rauchverbote an Arbeitsplätzen, in Einkaufszentren und in der Gastronomie). Am 31. Mai tritt Bundespräsident Köhler zurück. Sein Nachfolger wird am 30. Juni der bisherige Ministerpräsident Christian Wulff. Am 31. Dezember endet das erfolgreiche Jahr der Kulturhauptstadt Europas RUHR.2010.

Hinweis: Die Tagebuchaufzeichnungen erheben, wie sich schon aus der rein subjektiven Auswahl der Ereignisse ergibt, keinen Anspruch auf Vollständigkeit; die Daten und Fakten sind aber anhand allgemein zugänglicher Veröffentlichungen (Lexika, Annalen usw.) überprüft und ergänzt worden.

Inhalt

Von Bruno Bergerfurth
ebenfalls lieferbar:

Beschlossen und verkündet – ein Richterleben
Biografische Erzählung
2010. 232 Seiten. Paperback € 12,80.
ISBN 978-3-89950-515-3

Der Autor, der selbst über 35 Jahre lang als Richter tätig war, lässt seine Erinnerungen in eine frei erfundene Erzählung einfließen und gewährt damit einen interessanten Einblick in den richterlichen Alltag. Wie wird der Mensch in der Robe mit der großen Verantwortung fertig, die ihm sein Amt abverlangt? Wie gestaltet sich Rechtsprechung in Zeiten gesellschaftlicher Veränderungen und bei der Flut ständig neuer Gesetze? Die Geschichte spielt in den Jahren von 1953 bis 1990 und ist geprägt von den großen Rechtsreformen dieser Zeit. Strafrechtsreform, Eherechtsreform und Verfahrensreform ziehen in unterhaltsamer, leicht verständlicher Weise am Leser vorbei und sind eingebettet in die Schilderung der politischen, wirtschaftlichen und kulturellen Ereignisse.

www.edition-fischer.de • www.rgfischer.de

Von Bruno Bergerfurth
ebenfalls lieferbar:

Rückblicke mit 80 (1927–1945)
Biografie
2007. 200 Seiten. Paperback € 10,80.
ISBN 978-3-89950-303-6

Als Angehöriger des Jahrgangs 1927 blickt der Autor zurück auf die Zeit seiner Kindheit und Jugend im Hitler-Deutschland. Eingebettet in Daten und Fakten des damaligen politischen, wirtschaftlichen und militärischen Geschehens erscheinen die ganz persönlichen Erlebnisse des heute Achtzigjährigen in einem besonderen Licht. Welchen Einfluss hatten einerseits Elternhaus, Schule und Kirche, andererseits der totalitäre Staat und die überall präsente nationalsozialistische Ideologie auf den Heranwachsenden? Wie verarbeitete der junge Mensch die für ihn kaum lösbare Spannung zwischen Vaterland und Diktatur? Wie wurde er mit den Gräueln des Krieges und der vielgestaltigen Angst im Alltag fertig? Ziel des ebenso anrührenden wie informativen Buches ist es, der »Enkelgeneration« ein wenig zu helfen, die damalige Zeit – insbesondere die Situation der damaligen Jugend – besser zu verstehen.

www.edition-fischer.de • www.rgfischer.de